医療系大学生のための
アカデミックリテラシー

第3版

紀平知樹 編

Academic Literacy

二瓶社

目　次

はじめに　5

chapter 1. 大学生活の基本 11
1. 高校と大学の違い 11
2. 大学での授業 14
3. 単位取得 21

chapter 2. マインドマップを描く 25
1. マインドマップの描き方 25
2. マインドマップの活用 26

chapter 3. 社会の中の大学生 29
1. 社会の一員として 29
2. 教職員とのコンタクトの取り方 35

chapter 4. 情報を集める 41
1. インターネットの利用 41
2. インターネット上の情報と検索エンジン 50
3. 図書・雑誌、論文情報の検索 54
4. 図書館をよりよく利用するために 57

chapter 5. ノートをとる 59
1. ノートをとる意味 59
2. ノートテイキングの実践 64

chapter 6. 文献・資料（テキスト）を読む 67
1. 大学で読む文献・資料 67
2. 文献・資料を読む目的 67
3. 学術的文章の読み方 ── 3つのステップ ── 73
4. 学術的文章を読む練習 76
5. 要約（サマリー）を作る 83

  6．専門家になるために「読む」ということ ……………… 84

chapter 7．**文章を書く** ……………………………………………… 87
  1．日本語の文章 …………………………………………… 87
  2．レポートとは …………………………………………… 89
  3．レポートを書く準備 …………………………………… 92
  4．レポートの構成 ………………………………………… 93
  5．レポート作成の実践 …………………………………… 98
  6．自然科学系のレポートの書き方 …………………… 104

chapter 8．**統計リテラシー** …………………………………………… 113
  1．統計学ブーム …………………………………………… 113
  2．統計やデータを大学での学びで使う場面 ………… 115
  3．データの収集方法に関する注意点 ………………… 116
  4．データのプレゼンテーション ── よくある過ち ── …… 117

chapter 9．**プレゼンテーション** ……………………………………… 123
  1．レポートとプレゼンテーション ……………………… 123
  2．プレゼンテーションの流れ …………………………… 124

chapter 10．**ディスカッション** ………………………………………… 131
  1．ディスカッションの意味 ……………………………… 131
  2．ディスカッションに際して …………………………… 132
  3．ディスカッションを用いたさまざまな学習法 …… 136

あとがき 143

はじめに
大学で学ぶ理由とは

　私の所属する兵庫医療大学には、薬学部・看護学部・リハビリテーション学部があり、薬剤師、看護師、理学療法士、作業療法士を養成している。一昔前、大学内の学習施設の利用方法や授業・試験の実施方法などの説明は、学内の教育担当教職員により入学後のオリエンテーションで簡単に解説されていただけで、その後すぐに通常の授業、すなわち一般教養科目（基礎科目）と一部の専門概論科目の講義が開始されていた。後になって学生諸君の話を聞くと、「図書館や情報検索ツールの使い方を教えてもらえる授業があればよかった」とか「レポートなどの書き方の解説を授業でやってほしかった」などの要望があった。このような声をうけ、本学では6年前にカリキュラム改定が行われ、大学での学び方を学ぶ科目として授業科目「アカデミックリテラシー（AL）」が導入された。

　この科目の開始とともに、入学したばかりの学生諸君に手軽に読んでもらえるテキストとして、学内の有志教員および関連職員の協力を得て本書の初版が発刊された。そして、その後の試行錯誤しながらのALの実施経験から、発刊2年後に内容の加筆・修正や再編集を行い第2版が、そしてこの度、医療系分野に必要な自然科学系のレポート作成や進歩する情報ツールの応用方法など、大学教育が改革される流れの中で、医療系大学生の学びを助けるさらに充実したガイドブック目指し、第3版の発刊に至った。

　学生諸君は将来、「人の命を守り、心を癒す」という共通の目標をもった医療職者を目指し医療系大学に入学されたことと思う。以下、大学生活を開始するにあたってみなさんの置かれた立場を再確認し、本書の利用の意味を

考えてみよう。

みなさんは医療専門職を目指す大学生である

　この一文には、2つの大きなポイントが含まれている。ひとつは「医療専門職を目指す」という点、もうひとつは「大学生である」という点である。みなさんはこれまで受験勉強に明け暮れ、そして厳しい入学試験を突破し、晴れて大学に入学したわけである。では、高校生と大学生はどう違うか？そして医療系の大学は、医療系でないその他の大学と何が違うのか？　考えてみよう。みなさんの夢を実現させるためにも、早い段階で確認することはとても重要である。

医療人を目指す学生としての学習の姿勢を考えよう

　みなさんには、薬剤師・看護師・リハビリテーション療法士などの国家資格を取得し、患者・社会からの高い信頼をえられる有能な医療人になることはもちろん、最先端の知識と技術を駆使し、リーダーシップをとって医療・医学の分野を前進させる優秀な人材に育ってほしいと思う。

　昨今の大学生は「議論しなさい」と指導してもディスカッションはできないし、課題を出しても日本語になっていないような文章を書いたり、満足にこなせなかったり、ひどい場合は提出すらしないという話をよく耳にする。大学受験は、合格か不合格かを白か黒かで評価される単純明快な判定であり、一番優秀な点数をとっても、ギリギリのボーダーラインの点数をとっても、とにかく「合格」という二文字を得た者が勝者であった。大学入学を果たしたらその目標は達成され、ある意味で目的を失った宙ぶらりんな状態に陥り、無気力症になったりすることをよく耳にする。医療資格をとるためには卒業後に国家試験が課せられるが、入学の時点ではそれがあまりにも先の目標す

ぎて、多くの学生には実感がわかないと思う。何をなせばよいか途方に暮れるかもしれない。入試に合格するまでがそれまでの人生の目標となり、入学後は緊張感をもった目標が漠然となってしまい、中抜けになりやすく、よく言われる5月病の状態に陥ってしまうこともある。医療系大学以外の普通の大学生と同様にアルバイトやクラブ活動に明け暮れるような生活に嵌るかもしれない。たしかにアルバイトは学費を捻出するため、あるいは有意義な学生生活を送るために大切な一面もある。またクラブ活動やボランティアも人としての協調性の涵養のために重要である。しかし目標を見失って、アルバイトやクラブ活動が学生生活の中心となってしまい、教科書は学校のロッカーに入れたままで期末試験まで開いたことがない、あるいはもっと極端な場合は購入もしない学生がいたりする。授業は出席回数をカウントして単位取得に必要な最低限の数を計算し、回数を満たせば残りの授業をさぼる学生も見かけたりする。私の所属する大学では、多くの授業がICカード式の学生証をかざすカードリーダーによる出席確認を行うが、このカードを友人に預けて「代返」ではなく「代カードタッチ」を当番制でまわしているような悪知恵をはたらかせる学生も散見される。一昔前、試験前に過去問のコピーが出回るという話をよく聞いたが、今は試験前にSNSで過去問情報や先輩からの情報が流出しているらしい。授業出席回数は最低限でクリアし、試験は一夜漬けで過去問の答えを覚えればなんとかなるという風潮は今に始まったことではないが、こんな勉強法で大学のさまざまな授業科目を合格してきた医療人を社会は求めているであろうか？

患者さんは100％の医療を期待している

　これからみなさんには、大学で「不合格にならないこと」すなわち「マイナスの評価をされないこと」を目標にするのではなく、「いかにしたらプラスの評価を獲得できるか」という高次の目標を持って日々努力していただき

たい。人間である以上、時には病気にもなるし怪我もする。そんなとき、あなたはどのような医療人にケアを受けることを望むであろうか？　60点のギリギリのボーダーライン点数で綱渡りのように資格を得た医療人と100点満点の知識と技術を有した医療人と、どちらの医療人にあなたは自分の身を委ねたいか？　社会が求めているのは完璧でミスのない医療であり、リーダーとなって医療現場の最先端で活躍する人材には100点満点以上の世界的に通用するレベルが求められている。医療職者を見る世間の目は厳しく、知識・技能・人間性が100点満点であることが求められ、社会はそれに向かった努力をみなさんに期待していることを肝に銘じてほしい。

　しかし人間はロボットでもコンピュータでもない。例えばある看護師が、あらゆる病気の患者を看護できるかといえばそれは不可能である。看護の世界でも「専門看護師」とよばれる制度があって、分野によって専門性はまちまちである。自分の置かれている立場を客観的にとらえ、周りに目を向けて、他の分野や他の医療職者との正確な情報交換に基づいて適切な対応をとることが重要である。自己の範疇・限界を知ることも必要で、そのためにも正確な情報の収集および処理方法、また他分野との共有など情報交換・討議方法などに共同して取り組むのが現代医療の主流となっている。「チーム医療」「多職種連携医療」などという言葉をよく聞くが、これはさまざまな有能な医療職者の結集であり、中途半端な医療人が不得意なところを埋め合わせるというようないい加減な医療人の集団では話にならない。ではどうすれば社会のニーズに応えられる医療人になれるであろうか？

　昨今の医療情報は膨大であり、またその内容も日進月歩、時々刻々と変化している。医療職を目指すからには、常に正確な情報を収集し、取捨選択し、まとめあげ、そしてそれを実践できるように日頃からトレーニングする必要がある。単に教科書を読む、線を引く、丸暗記する等だけの勉強では応用力は身につかず、実践の場に役立つものとはなりえない。そのナビゲーションとして、医療系大学生としての勉強する方法を学ぶ授業がALであり、その

ガイドブックが本書なのである。

大学は学士力を涵養する場でもある

　ここまでの文章にもたびたび「国家試験・国家資格」という言葉が出てきたが、医療専門職者を養成する大学である以上、大学が用意しているカリキュラム（授業）を履修して単位を修得し卒業しない限りそれぞれの医療職の免許は取れない。このような側面から考えると、医療系大学は専門学校と同様に専門性を重視した学校である。大学での授業のほとんどはそれぞれの医療職へ続くコースに定められたレールの上に組まれており、普通の大学に比べると授業の自由度があまりない。多くは必修科目となっており、覚えなければならない知識も大変多く、医療系以外の一般の大学とは一線を画している。

　改めて確認しておくが、みなさんは大学生である。したがって学びの過程で「学士力」も身につける必要があり、この点も社会から期待されていることを忘れてはならない。暗記だけだったら正直、人間よりもコンピュータのほうが上であり、我々はコンピュータに負けるであろう。いろいろな分野で人工知能（AI）が人間に勝っているという話題にたくさん遭遇する。しかし社会・患者が期待するのは、「人間性にあふれた医療・医学」である。これはコンピュータやロボットには到底できるものではない。大学には大学として幅広い教養を教授するという大切な役割がある。その根本は、すぐには役に立たないかもしれないが真理を探究するという学問そのものの根本的な姿勢となる。これをないがしろにしたら、「〇〇学士」という学位は意味をなさなくなってしまう。大学は専門学校ではない。「単位を取るために一夜漬けで覚えればいい」「先輩のレポートを借りて写せばいい」「こんなことやっても所詮自分の将来にはまったく関係ない」という姿勢は、大学生としての本質を否定することになってしまう。幅広い教養をもった人間性豊かな医療

人を育てることが医療系大学の使命であり、社会もみなさんがそうした医療人になることを期待している。時には結論のわかっていない問題を出して考えさせるような授業をする先生もいると思う。暗記重視の現代の教育体系が主流を占める中、自由な発想をもっていろいろ考える時間も貴重であることを学生時代の間にぜひ体験し、応用力を備えた医療人に育ってくれることを期待している。

伊東久男

chapter 1.
大学生活の基本

1．高校と大学の違い

（1）時間割

　高校までは、基本的には学校が決めた時間割に従って授業を受けるということが一般的である。しかし大学では、高校までに比べると自分で選択できる授業が多い。つまり自分の卒業に必要な授業だけでなく、自分の目的に応じた授業、または興味のある授業を受けることができる。そのため、同じ学部、学科に入学したからといって、必ずしも全員が同じ授業を受けるわけではないということになる。

　受講科目をある程度自分で選べるということは、言い換えるなら、**一週間の時間割を自分で決めなくてはならない**ということでもある。卒業するのに必要な単位はどうなっているのか、どういった選択科目をどの程度履修しなければならないかなどを自分でしっかり把握しておく必要がある。

　さらに、時間割を自分で決めるということは、**一日をどのように過ごすか、一週間単位でどのように過ごすかなども自分で決める**ということになる。授業の他にも、予習や復習などの自宅学習やクラブ・サークル活動、アルバイトなど、たくさんの活動があるだろう。それらの活動を、一日あるいは一週間の生活の中でどのようなバランスで行うかをしっかりと考えて、**自分自身の時間割を作成する**ことが大切である。

（2）担　任

　教員との関わりも、高校までとは大きく異なる点のひとつである。

　高校まではクラス担任の教員がおり、ほぼ毎日のように担任の教員と顔を合わせ、また、ホームルームの時間など、定期的な話し合いや連絡のやり取りなどがあっただろう。しかし大学では、担任の教員はいたとしても、その教員が毎日出席を確認したり、ホームルームなどで連絡や話し合いを行ったりするわけではない。もちろん大学でも、授業に関することをはじめとした学生生活に関する相談や指導を担任の教員が行うことはある。だから、もしも何か相談事などがあった場合は、担任の教員を訪れて相談するようにすべきである。

（3）教　室

　授業を受ける教室も高校までとは異なる。高校までは授業を受ける教室はほとんどが固定されていたが、大学では授業ごとに教室を移動することが一般的である。小さい教室での授業もあるが、受講生が100人を超える授業もあり、大教室での授業もたくさんある。また、実習室や学外での授業もある。自分の受講する授業がどこで行われるかを、各自で把握しておくことが大切である。

（4）課外活動

　大学の課外活動団体には**サークル**、同好会、**部活動団体**などと呼ばれるものがあり、それぞれに大学公認のものと非公認のものがある。いずれの団体も、大学公認となることで大学からの援助を受けることができる。ただし、大学からの公認を受けるためには、学生会組織を通じて大学に申請する必要がある。そして大学公認の団体には、必ず顧問の教員がつく。しかし、顧問の教員がどの程度サークルの活動に関わるかは団体によって異なる。したがって、**サークルなどの活動や団体の運営は、基本的には学生の自主性に任さ

れていることがほとんどである。

　サークルと部活動団体との違いとしては、サークルでは大学内で「楽しく」活動し交流を広げるといった、内部的な活動が多いのに対し、部活動団体では大学内はもちろん、学生連盟に加入して活動するなど、他大学との交流を行うといった、対外的な活動も多くなる。それだけに、部活動団体のほうがサークルよりも活動に対する責任も大きくなるが、その分だけ大学からの援助も増える。

　サークルや部活動の種類はともかくとして、課外活動団体に所属して活動を行うことは、学部や学科、学年、大学を越えた広い交流ができるだけでなく、授業では習わないような勉強や経験ができるので、自分の生活時間を調整して積極的に活動に参加してほしい。

（5）アルバイト

　大学生になると、さまざまな理由からアルバイトをする人も多いだろう。また、実施できるアルバイトの種類や数も、高校までと比べると多くなる。そのため、自分の目的に応じたアルバイトを選択して実施することもできる。

　近年では、アルバイトによる収入を学費や生活費に充てる場合も多く、多くの時間をアルバイトに費やしている人も見られる。さらにアルバイトの経験や実施期間が長くなるにつれて、責任のあるポジションにつく場合も増え、当然収入も増えるが、アルバイトに費やす時間も増えることになる。しかしそうなると、当然のことながら自学自習のための時間が少なくなり、授業のための勉強をする時間が減少する。さらに時として、アルバイトの実施時間帯や内容などに伴う疲労の蓄積により、大学での授業に影響が及んでしまう場合もみられる。

　個人によりアルバイトの目的も異なり、また必要性も違うが、そもそも大学には勉強をするために入学しているわけであり、あくまでも**学生は学業が第一**ということを忘れないようにしよう。

2．大学での授業

（1）授業の種類

　大学での授業は、形式も内容も高校までとは大きく異なる。詳しいことは、入学直後に配布される「**シラバス**」を読めばわかるので、ここでは大学での授業の種類について説明する。

　大学での授業の種類には、大きく分けて「必修科目」「選択必修科目」「選択科目」の3種類がある。

　必修科目とは、大学の授業のうちで、必ず履修（授業を受けて、単位を取ること）しなければならない科目である。必修科目は、同じ大学でも学部・学科・コースによって違うので、どれが必修科目であるのかは、大学より配布される「**教務関係の規程**」をよく読んで、きちんと確認する必要がある。同じ科目が複数の学部を対象に（場合によっては同時に）開講されていても、ある学部では必修科目扱いで、別の学部では選択科目扱いであるような場合もみられるので注意する必要がある。なお「教務関係の規程」に「配当年次」という用語が出てくる。この「**配当年次**」とは、どの学年でその科目が開講されているか（つまり、どの学年でその授業が受講できるように時間割に組まれているか）を意味する。また「**単位数**」とは、その科目に合格した場合に与えられる単位の数である。大学で進級・卒業するためには、決められた単位を取得せねばならない。「単位取得」については、後ほど詳しく説明する。

　選択必修科目とは、必ず履修しなければならないが、複数の中から選択して履修できる科目である。よくある例として、教養系の選択必修科目に、いわゆる「第二外国語」が設定されている大学がある。この場合、第二外国語として、例えば「中国語」「韓国語」「ドイツ語」「フランス語」が開講され、これらの科目の最低1科目を履修すればよいというシステムである。

　選択科目とは、履修することを選択できる科目である。ただし卒業要件

(卒業するためにとらねばならない科目の単位数)に、「選択科目をいくつ以上(何単位以上)とらなければならない」という決まりがあるので、その単位数以上履修しなければならない。当然、大学によって、また同じ大学でも学部・学科・コースによって必要な単位数が違うことも多い。

　高校までと異なり、大学では**時間割は学生自身が作り上げるもの**だといえる。そしてその時間割は自分自身が卒業できるかどうかに直接関わってくる。履修に関して少しでも疑問がある場合は、教務関係の教職員に早めに相談するようにしよう。

(2) 教育要項

　教育要項は一般に**シラバス**と呼ばれ、多くの大学では入学直後、冊子として配布される。シラバスには、各学年で開講されている科目の内容や授業計画などが記載されており、授業は原則としてこのシラバスに沿って進められる。したがって授業開始前に、また選択科目の場合は選択する科目を検討する際に、よく読む必要がある。多くのシラバスは、「科目責任者・科目担当者」「教育目標」「達成目標」「成績の評価方法」「教科書・参考書」「授業計画」「備考・その他」という項目別に記載されている。以下、シラバスの概要と注意点を解説する。

①科目責任者・科目担当者

　シラバスの最上段には科目名が掲げられており、その下に**科目責任者**と科目担当者の教員名が書かれている。なお科目によっては、実際に担当する教員が複数いる場合がある。どの教員が何回目の授業を担当するのかは、後述の「授業計画」に記載されている。また一部の科目(例えば、少人数でのクラス分けで実施される語学の授業などの場合)では、科目責任者とは違う教員が授業を担当する場合もある。この場合も、他の同じ科目のクラスと同様に、科目責任者の作成したシラバスに沿って個々の担当教員が授業を進める。

授業の中での質問などは担当教員にその都度すればよいが、授業の構成や成績の評価方法についての相談は科目責任者となるので注意すること。

② 教育目標

教育目標には、「この授業が何を目指しているか」「この授業科目で何を学ぶか」が記載されている。シラバスで確認してみよう。授業科目によって表現方法はまちまちであるが、多くの科目では、例えば「健康で豊かな生活をおくるためのさまざまな技法を理解する」というように、「理解する」「習得する」「学ぶ」「認識する」「身につける」など、学生の立場からの主体性をもった書き方になっている。すなわち、大学では「教員に教えてもらう」のではなく、「**自ら学ぶ姿勢が大切である**」ことが示されているわけである。

③ 達成目標

上記した「教育目標」を達成するために、さらに具体的に「何をすればよいか」「何ができるようになればよいか」についての記載が達成目標である。通常、教育目標よりも細かく、箇条書きで列挙されていることが多い。例えば、上にあげた「健康で豊かな……」の教育目標を達成するための達成目標として、「ストレスについて説明し、その対処方法について列挙できる」「アルコールやタバコの健康問題を理解し、自らを守る方法を説明できる」というように、より具体的な目標が記載されている。教育目標の場合と同じく、「説明できる」「作成できる」「参加できる」「使用できる」「理解できる」「知識を深める」など、学生には積極的な学習態度が求められている。

④ 成績の評価方法

大学での授業に関する用語に「**単位**」という言葉を聞いたことは誰しもあるであろう。「単位」についての詳細説明は後ほど記す。その単位を認める（＝単位認定）ために、授業の教育目標・達成目標への到達度を判定す

る必要がある。これが成績の評価である。すなわち「成績の評価方法」では、その授業において、どのような方法で授業目標への到達度が評価されるかが具体的に記されている。よく見る記載としては、「定期試験を実施」「授業中に小テストを実施」「実技試験」「レポート・課題の提出」「プレゼンテーション（発表会）」「授業への取り組み態度」などがある。当然、授業の形式（講義形式・演習形式・実習形式）により評価方法もまちまちとなってくるし、科目責任者の教育方針によって独特な方法がとられることもある。

　また試験のみの単独の方法をとらず、複数の方法により総合的に評価する場合もある。その場合シラバスの中で、「試験が成績の50％、課題提出が成績の30％、授業態度が成績の20％」というように、各評価方法の割合も示されていることがあるので確認しておこう。また万一、試験で合格に満たない点数をとってしまった場合、もう一度、試験（一般に「再試験」とよぶ）があるのかどうかについても、記載されていることがある。なお「再試験」というのは、あくまでも勉強不足の学生に対する救済策であり、最初から再試験をあてにするような学習態度は慎むべきである。

⑤ 教科書・参考書

　シラバスによっては「教科書」と「参考書（参考図書）」が分けて記載されている場合がある。一般に「教科書」とは、その授業で必ず使用する本なので、指定されていたら購入する必要がある。授業によっては教科書を使用しない場合もある。教科書に代わる資料を使う場合、「初回の授業時に冊子を配布」「適宜、プリントを配布」などの記載がされていることもある。

　一方、シラバスに書かれている「参考書」とは、一般に授業で必ず使用する本ではないが、その科目の理解度を深めるためにとても参考になるものがあげられている。多くの場合、大学の図書館には該当する参考書が備えられているので、積極的に活用しよう。

　参考書は必ずしも購入する必要はないが、自分の判断で「これは使いやす

い」「わかりやすい」と思ったら、手元にそろえることを推奨する。またシラバスに書かれているもの以外にも、科目によっては参考になる本がたくさんあることがある。もし興味があったら、気軽に科目責任者もしくは担当者の教員に聞いてみよう。

⑥授業計画
　大学の授業は、高校までのように、「○曜日の△時間目に××学」というように完全に固定されているとは限らない。**「授業計画」** とは、その科目の**授業のスケジュール表**であり、各回の授業の実施日・時限、授業内容、担当教員名が一覧表で記載されていることが多い。上記のように、大学の授業は曜日・時限がまちまちであることもあるし、複数の教員が入れ替わりで授業を担当することもあるので、授業の準備・予習のためにも、毎回、綿密にチェックする必要がある。

⑦備考・その他
　シラバスの中には、その授業を受けるにあたっての科目担当者からの注意事項やメッセージが特別に記載されていることがある。記載がある場合は重要なものが多いので、必ず目を通すようにしよう。なお大学の教員は、学外での仕事もあるので、必ずしも毎日大学に来ているとは限らない。そのため、学生の質問や相談に対応するための**「オフィスアワー**（教員が大学の自分の研究室にいる日時）」を設けていることも多い。オフィスアワーの日時はシラバスに書かれてある場合も多いので、その時間帯をチェックして教員を訪ね、学びを深める努力をしよう（chapter 3. 参照）。

（3）講義人数と教室
　大学ではさまざまな授業が実施されている。大学の規模にもよるが、同じ学年全体、あるいは同じ学部全体の学生を一度に対象とした授業は、往々に

大人数となる。必修科目の場合は当然、対象となる全学生が履修するわけなので、一般には大人数での授業となる。入学当初の1年目の基礎科目（一般に「教養科目」ともよばれる）は、その大学のほぼ全部の学生が対象となるので、それが必修科目の場合は100人単位の大人数での授業となることが多い。しかし教養科目でも、語学や体育系実技科目では、クラス分けをして数十人規模で授業がされる場合もある。また大学では、高学年になるにつれて専門性の高い科目が多くなる。その場合、大学・学部全体というよりも、学科・コース単位で開講されることが多くなるので、学科・コースの規模によって受講者の数はまちまちとなる。また教養科目にしても専門科目にしても、その授業が選択科目の場合は、当然、選択者数によって受講者数も変わってくる。いずれにしても大学では、授業科目・形態によって数百人規模の場合もあれば、数人の小規模で行われる場合もある。

　また、自分が履修しなければならない授業や選択した授業が大学内のどこの教室で実施されるのか、事前に掲示もしくは配布される授業実施教室の情報を正確に把握しておく必要がある。自分の履修する授業ごとに教室が変わることもあるので、休み時間は「教室移動の時間も含んでいる」ことを頭に入れておくこと。授業を履修するということは、最初から最後まできちんと参加することが大前提であり、遅れて入って行くことのないように細心の注意を払いたい。

　教室で着席する座席は、多くの場合自由である。しかし教員によっては、授業の都合（小テストや授業態度の評価など）で座席を指定する場合がある。当然、教育的な考えがあってするわけであるが、例えば「自分は目が悪くて黒板が見にくいので前方の座席にしてほしい」などの要望は早めに担当教員に相談するとよいだろう。

（4）教科書

　先にも説明したが、大学での教科書は、原則、その授業で必ず使用する本

であり購入する必要がある。多くの場合、入学時あるいは新学期が始まる時期に大学の中で教科書販売が行われるので、掲示などでチェックすれば間違いはない。ただし選択科目の履修を考えている場合は、科目の選択が決まってから教科書を購入したほうがよい。

　先に「教科書は、原則、その授業で必ず使用する本」と書いたが、授業における教科書の使い方は、担当教員によってまちまちである。高校では「今日は○ページの第×章から……」という具合に、順番に教科書に密着して行われる場合が多かったと思われる。しかし大学の場合、授業によっては、いきなり教科書の途中から始めたりする場合もあるし、教科書はあくまでも副教材使用で、実際の授業は配布したプリントに沿って進められる場合もある。また、自習用（予習・復習用）として学生に購入させる場合もある。シラバスの授業計画と教科書の目次を見比べた場合、中には教科書の最初から最後までの内容が授業で実施されないこともあるかもしれない。しかし教科書には、その分野で知っておくべき内容が記載されている。また演習問題や練習問題などが書かれている場合は自分のステップアップにも利用できるし、将来、その分野の専門家を目指す際には必ず役に立つ書物となる。

　シラバスの項で詳しく書いたが、いずれにしても大学は受け身で授業をうけるのではなく、**自ら積極的に学ぶ姿勢が大切**である。そのためには、シラバスの授業計画を毎日よく調べて、**予習と復習を怠ることなく進める**ことが肝心である。教科書はそのための最強のパートナーであることは疑いない。

(5) 板　書

　「板書」とは本来「黒板に書くこと」である。しかし学生の立場からいえば、板書された内容をノートに書くことを意味する。高校では、おそらく、教員が必要な事項を丁寧に黒板に書き、生徒はそれをノートに写すという方式で授業が進められたことと思われる。そのため、「大学の教員も丁寧な板書をしてくれる」と考えている人が多いかもしれない。しかし大学の教員は、

高校までのような板書はほとんどしないと考えてもらいたい。もちろんほとんどの教室には黒板があり、中には黒板への板書を中心として授業を進める教員もいるかと思う。しかし最近の授業では、パワーポイントのようなパソコンを使ったプレゼンテーション方式で進められる場合が多く、その途中で補助的に黒板を使う程度で、高校までのような板書主体の授業はほとんどない。

　では、大学では学生はほとんどノートを取る必要がないのか？　それは大きな間違いである。教員が板書しないからこそ、**自分で重要なポイントを整理してノートをつくる必要がある**。中には授業の時に配布された資料に補助的に板書内容を書き込んで、あるいは話を聞きながらラインマーカーで線を引いてすませるだけの学生を時々見かけるが、それでは授業の内容を復習する時にすべて思い出せるとは限らない。後になって自分で復習する時に、また試験前に勉強する時に授業内容が再現できるように、日頃から授業内容の重要ポイントを整理してノートをつくる習慣を身につける必要がある。このノートテイキングの方法については、chapter 5.で詳しく紹介する。

３．単位取得

（１）単位制とは

　一般的には授業科目ごとに取得できる単位数が決められており、**一定数の単位を取得しているかどうかが進級や卒業の判定になる**。大半の高校では単位制と学年制が併用されており、ほとんどの大学では単位制のみが用いられている。

　学年制では、１学年ごとに必要な単位数が決められており、単位数が足りなければ留年となってその学年の全ての単位を取り直す必要がある。それに対し単位制のみの場合、１学年で取得しなければならない単位数は決まっておらず、**卒業時に必要単位数がそろっているか否かで卒業が判定される**。単

位制のみの場合では基本的には留年はないが、特定の学年において大学が定めた一定の単位数以上を取得していなければ留年となることもある。その場合、学年制とは異なり、取得できていない単位のみを取得することとなる。

　単位認定の条件として、大学設置基準という省令では、「**1単位の授業科目あたり45時間の学修を必要とする**」と定められている。しかし現実は、多くの大学では一回の授業時間を90分としており、これを15回受講したのち、試験に合格すると1単位を与えると計算している。するとどうだろう。90分は1.5時間だから、1.5時間×15回＝22.5時間と必要時間の半分しか授業していないことになる。それでは45時間のうち残り半分の22.5時間は一体どうするのか。それは、授業を受けるために必要な予習、復習、あるいは宿題などの課題をする時間なのだ。つまり、**ひとつの科目を1回受講するためには、1.5時間（90分）ずつ自習をすることが義務づけられている**のである。毎日、大学に来て授業だけ受ければ、あとは何も勉強しなくてもよいのではない。これらの勉学をしたうえで、学期末に行われる定期試験に合格すると単位が認定されることを理解しよう。

（2）出席について

　ひとつの単位を取得するためには、すべての授業に出席することが必要なのは当然のことで、これで初めて定期試験を受験することができるとするのが原則である。しかし何らかの事情で、授業に100％出席することが困難なこともある。それでは、どれだけ出席すれば定期試験を受験できるのか。多くの大学では、講義形式の授業の場合、授業回数全体の2／3以上出席すれば定期試験受験資格が与えられるとしている。つまり1単位の授業科目の授業回数15回のうち、10回出席することが必要で、6回以上欠席すると定期試験の受験資格を失い、単位取得ができなくなる。ただし、5回までは欠席しても大丈夫というのではなく、あくまで**すべての授業に出席して勉学することが求められている**ことは言うまでもない。

(3) 定期試験

多くの科目では、学期末に定期試験が実施される。試験の形式は、記述式や選択式などさまざまな形態があるが、この試験では、**それまでに学修したことがきちんと理解できているか**どうかが確認される。この「理解しているかどうか」が大切で、**試験直前に資料を丸暗記して受験してもダメ**ということである。

多くの大学では、この試験で60％、つまり100点満点で60点以上取ることができれば合格するとしている。もしも、この試験で60点未満なら不合格で単位取得が絶対にできないのだろうか。その場合、もう一度チャレンジする機会として再試験が実施される科目が多い。再試験で60点以上取ることができれば合格となるが、再試験ではたとえ100点を取ったとしても、その科目の点数は60点であるとしている場合が多い。

学生諸君に対する大学の想いは、「**しっかり学修して、必要な能力を身につけてもらう**」ことだ。だから再試験の実施は決して「本試験で不合格になった者を救済する」というのではなく、**試験で不十分だった者には、「もう一度しっかり学修し直してもらう」**という目的があることを理解しておこう。

さらに定期試験の試験当日、交通機関が不通になった、あるいはその他のやむを得ない事情が生じて受験ができない時に、追試験が実施されることがある。この場合、追試験で満点をとったとしても80点しか認められなかったり、追試験の受験願を書類として期限内に提出する必要があったりする。これらのことは学則に明記されているので、しっかり調べておこう。

(4) 平常点について

シラバスを見ると科目によっては、成績評価の項目に「平常点」というものが記載されていることがある。これは受講態度や課題の提出物などがきちんと提出されているかどうかなど、普段の受講状況が評価されるものである。授業に出席すれば自動的に点数が獲得できるといういわゆる「出席点」では

ない。当然のことではあるが、「(2)出席について」で説明したように、原則はすべての授業に出席することが求められている。

(5) 評価の成績発表

定期試験で合格点を取ることができれば、単位認定となる。もし試験で合格点に達しない場合、「(3)定期試験」で説明したような再試験が実施される場合は、最終成績発表に先立って、「試験合格者」あるいは逆に「試験不合格者」「再試験該当者」として発表されることがある。この場合も小・中学校、高校のように、担任の教員があなたへ個別に連絡をしてくれることはない。大学では**ものごとすべて自分で確認をして、自分で対応すること**が求められる。

その科目の最終的な成績は、65点や80点などのような素点で発表している大学もあるが、「優」「良」「可」および「不可」という評価結果で通知される場合も多い。この場合、「優」は80点以上、「良」は70点以上、「可」は60点以上で合格だが、「不可」は60点未満で不合格、つまり単位が認定されないことを意味する仕組みになっている。

ただ単に合格して単位が認定されることを目標とするのではなく、少しでも優秀な成績を残せるように、しっかりと勉強しよう。

chapter 2．
マインドマップを描く

１．マインドマップの描き方

　みなさんは、大学に進学するにあたって何らかの目標を持っていたことだろう。その目標を実現するためにはどうすればよいのだろうか？　このchapterでは、マインドマップを活用しながら、自分の目標をどのようなプロセスで達成するかを目に見える形で考えてみよう。

　マインドマップとは、英国の教育学者トニー・ブザンが開発した思考手法である。マインドマップを描くには、いくつかの比較的かんたんなルールがある（トニー・ブザン．マインドマップ FOR KIDS　勉強が楽しくなるノート術．ダイヤモンド社, 2006, p.16.）。

① **準　備**
　　線のない白い紙とカラーペンを用意する。紙は横向きに使う。
② **中　心**
　　中心にテーマを書く。
③ **ブランチをのばす**
　　中心から、考えや関係することを枝や足のようにのばす。
④ **文字を書く**
　　それぞれのブランチに、アイデアや考えを書き込む。

⑤ どんどんのばす

　ブランチの先から、さらにブランチをのばし、木の枝のように広げていく。ひとつ何かを思いつくたびに、新しいブランチを描き加える。

　基本的にはこれだけである。ただし、できるだけ多くのブランチをのばしていくように努力しよう。図2-1は、マインドマップのひとつの例である。
　例を参考にして、大学に入った目標を達成するためのマインドマップをつくってみよう。紙の真ん中には、自分が大学に入った目標を書こう。真ん中のテーマは文字ではなく、絵でもかまわない。その目標を達成するために、大学にいる間に何をしなければならないかを考えてみよう。大学で履修する科目、サークル活動、アルバイトなどさまざまな事柄があるはずである。それらをすべて書き出し、自分が目標を達成するまでにどのようなことがあるか視覚的に把握しておこう。
　もちろん、このマインドマップは一度作ってしまえば終わりというわけではない。例えばこの1年が終わった後に、今回作ったマインドマップを見直してみよう。いま考えていることがどの程度達成できているだろうか。また最初に考えていたことと、どれくらい違うことがあっただろうか。そうしたことを確認しながら、新しいマインドマップを作ってみよう。

2．マインドマップの活用

　さて、ここまで大学に入学した目的を自分自身で明確にし、これから卒業までの間にどのようなことをしなければならないか、またどのようなことをしたいかを書き出しながら、マインドマップの作成を行ってきた。マインドマップを描くことは、自分の頭の中にある漠然とした考えを明確に認識することに役立つ。次に、このマップの別の利用法についても考えてみることにする。

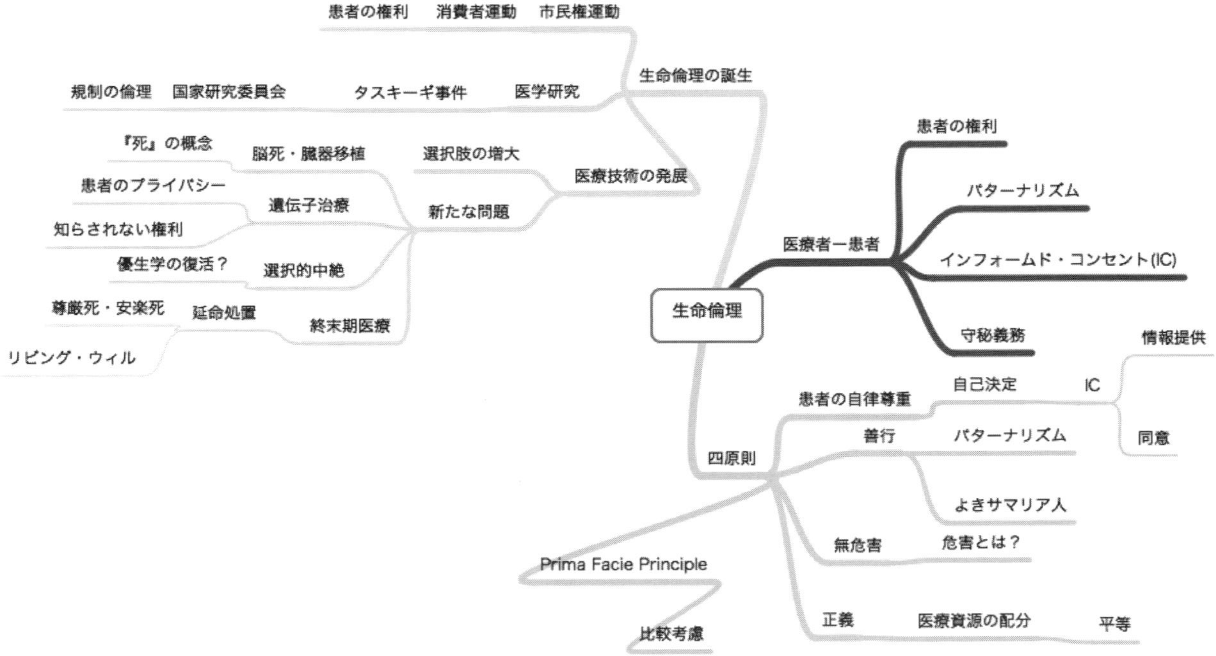

図2-1. マインドマップの例

例えば、レポートを書くことを考えてみよう。詳細は chapter 7. に譲ることにするが、レポートの作成では、文献を読んだり、実験を行ったりしてさまざまな情報を収集し、求められている形式にしたがって整理し、文章の形式でアウトプットするという手順を踏む。そのとき、これからすべき作業や、収集すべき情報等を書き出し、つなげていくことでマインドマップを作ることができるだろう。また、文章を作成する場合でも、いきなり書き始めるのではなく、まずは文章の構成を考えて、どのような順序で論を進めていけばいいのかを考える必要がある。そのためにまずは**アウトライン**を作ってから文章を書き始めることが薦められるが、そのアウトラインをマインドマップで作成することも考えられる。

　また別の活用としては、講義ノートや会議の議事録をマインドマップで作成するということも考えられる。講義にしても会議にしても、その日の**中心のテーマ**が必ずあるはずである。そのテーマを中心に書いて、そのあとは話の中で出てくるキーワードを書き上げ、それらを線でつないでいくことによって、その授業や会議で話されていることのキーワード相互の連関が明確に把握できるようになるだろう。このように、マインドマップはさまざまな場面に活用することができるものなので、自分自身で工夫しながら活用してみよう。

■ 参考文献
トニー・ブザン, バリー・ブザン, ザ・マインドマップ. ダイヤモンド社, 2005, 320p.
トニー・ブザン, マインドマップ FOR KIDS　勉強が楽しくなるノート術. ダイヤモンド社, 2006, 127p.

chapter 3.
社会の中の大学生

1．社会の一員として

(1) 相手の立場で

　小さな子どもを見ていると、おもちゃをちょっと貸してあげてもよいのに、自分のものだと貸してあげない様子や、ミスや失敗を他人のせいにしたりといった自分のことしか考えていないさまをよく見かける。このように小さな子どもは自己中心的なものである。

　社会の一員になるにあたり、今までの自己中心的な考えから、周りの状況を判断したり、相手の立場にたってものを考え、協調し合っていくことが求められてくる。そうしなければ、成人したにもかかわらず、よく見かける小さな子どもと同じ態度や姿勢をとっていることになるのである。

　今までの学校生活で接してきた多くの人が同世代の生徒たちで、その環境の中の一員としてあなた自身も長く過ごしてきた。さらに仲の良い者同士で集まって過ごすことも多かったであろう。しかし、広く社会を見渡した時、社会には同世代だけではなく、年上、年下といった年齢の違う人たちがいる。必ずしも同世代や自分の仲の良い者とばかりで集まれるとは限らない。**社会の一員として関わっていくあなたは、年齢や性別を問わずこのようなさまざまな人とうまく、円滑に接していくことが求められているのである。**

(2) 一般的なマナー

　社会の一般的なルールのひとつにマナーがある。マナーは、社会の中で気持ちよく生活する知恵として、人と人とが気持ちよくコミュニケーションを図るためのルールである。また、マナーは「人（相手）を気遣う」という気持ちの現れで、相手を不快にさせないように行動するものである。したがって、**考える基準は「自分が」ではなく、「人（相手）が」どう感じるかである**。

　円滑なコミュニケーションには、話す内容だけでなく表情や声も大切で、**まず相手に適した挨拶や話し方（言葉遣い）、謙虚な態度や協調する姿勢が重要となる**。したがって、コミュニケーションの第一歩である挨拶、そして言葉遣いといったマナーを身につける必要がある。

(3) 挨　拶

　お店に入ったにもかかわらず「いらっしゃいませ」と言われなかったらどう感じるだろうか。また、自分から「おはよう」と言ったにもかかわらず返答が無かったらどう感じるだろうか。印象はどうか。良いだろうか。悪いだろうか。

　挨拶がなくて良い印象をもつ人はいない。このように社会の中で人が気持ちよく生活し、人と人とが気持ちよくコミュニケーションを図るためには、その最初となる挨拶が肝心なのである。

　挨拶には、言葉による挨拶と身振りによる挨拶の２種類がある。言葉によるものはみなさんもお馴染みの「おはよう」などの挨拶である。また、身振りによるものは、お辞儀、握手、手を振るといったものである。

① 言葉による挨拶
　代表的な挨拶
　「おはようございます」

「こんにちは」
「失礼します」
「よろしくお願いいたします」
「ありがとうございます」

② **お辞儀**

お辞儀の仕方は通常3種類ある。

最も軽く15度程度腰を曲げる**会釈**。これは主に廊下ですれ違う際などに使用される。また、腰を30度ほど曲げる**敬礼**。これはビジネス上最も一般的で、来客への挨拶や会議室への出入りなどでも使用される。就職の面接での挨拶も、この敬礼を使う。さらに、より敬意を表すためには、45度ほど腰を曲げてお辞儀をする**最敬礼**がある。非常に重要な相手への挨拶や、重要な依頼や謝罪をするとき、また冠婚葬祭の場などで使用される。

会　釈
廊下や街中ですれ
違う時の軽い挨拶

敬　礼
初めての訪問など
一般的な挨拶

最敬礼
相手に感謝の気持ち
を伝える時、お詫び
など深い誠意を表す
挨拶

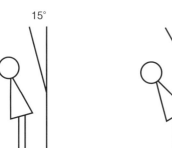

図3-1．お辞儀の仕方

③話し方

年下の後輩や見ず知らずの人から、こんな風に言われたらどう感じるだろうか。

「そこのゴミ片づけてくれ！」

年下にもかかわらず、また見ず知らずにもかかわらず、偉そうに命令口調であることから、良い気分にはならず、むしろ不快感が起こるのではないだろうか。

相手に適した挨拶や言葉遣いは、相手を不快にさせないようにするには重要で、正しい言葉遣いは、人（相手）に不快感を与えない最低限のマナーである。正しい言葉遣いができるかどうかだけで「気配りのできる人」か「きちんとしている人」か、社会人ならば「仕事ができる人」かがわかる。相手に適した言葉遣いの話し方のひとつである「敬語」を状況に合わせて使いこなすことができれば、人と人とが気持ちよくコミュニケーションを図ることができるようになるのである。

（4）敬語の種類

敬語には3つの種類がある。

尊敬語：相手に敬意を表すために、相手の動作・所属するものを直接敬う言葉

謙譲語：自分を低くみせ、へりくだることで相手に対して敬意を表す言葉

丁寧語：相手に対し敬意を表して、丁寧にいう言い方。現代語では「ます」「です」などの助動詞

敬語に慣れるためには、**目上の人や大勢の人の前で話す機会を積極的に作り、話すことが大切である。**

表3-1. 敬語の基本

	尊敬語	謙譲語	丁寧語
いる	おられる いらっしゃる おいでになる	おる	います
行く	行かれる いらっしゃる	参る 伺う	行きます
来る	来られる いらっしゃる お越しになる 見える	参る	来ます
会う	会われる お会いになる	お会いする 会っていただく お目にかかる	会います
言う	言われる おっしゃる	申す 申し上げる	言います
聞く	聞かれる お聞きになる	伺う お聞かせ願う 拝聴する	聞きます
見る	見られる ご覧になる	拝見する	見ます
読む	お読みになる お目を通す	お読みする 拝読する	読みます
する	される なさる	いたす	します
食べる	召し上がる お食べになる	いただく	食べます
もらう	お納めになる	頂戴する	もらいます
知っている	ご存じである	存じ上げている	知っています

コラム：医療職のコミュニケーション

診察を待っている患者に対する医療職からの声掛けの例
a)「○○さん、もうちょっとお待ちくださいねー」
b)「○○さん、もうしばらくお待ちください」
c)「○○さん、申し訳ありませんが、もうしばらくお待ちいただけますか」

　あなたにも、a) → c)の順で言葉遣いの丁寧さが増していることがわかるだろう。では、a)からc)の、どれが正解なのだろうか。
　a)のように声をかけられた患者は、失礼だと気分を害されるかもしれない。一般的には患者に対しては丁寧語で話すべきであり、b)かc)が望ましいだろう。しかし、長い間通院していて顔見知りの患者の中には、a)のほうがよい、c)はよそよそしく感じるから嫌だ、という人もいるかもしれない。さらには、まったく初対面であっても、これが最初の会話ならc)がよいが、ある程度会話をした後ならa)がよい、という人もいるかもしれない。
　人間関係とは一方的な関係ではなく、相互関係なのである。さらに言えば、関係、特に人間関係というのは常に変化しうるものである。したがって常に同じ話し方・同じ接し方をすればよいというわけではないのだ。相手と自分の関係性、あるいは相手の状況に合わせて、さまざまな話し方ができるようになっておく必要があるだろう。ただし、繰り返しになるが、基本的には患者に対しては丁寧語で話すべきであるので、不用意に馴れ馴れしい話し方にならないように、くれぐれも注意してほしい。
　また、この例にもあるように、患者に呼びかける際は「すみませんが」「あの」「あなた」「患者様」ではなく、きちんと「○○さん」と相手の名前を呼ぶようにしよう。前述したように、人間関係というのは一方的な関係ではなく相互関係であり、あなたとその患者の関係も、一対一の関係だからだ。「○○さん」という、その人個人に対してきちんと名前で呼びかけるようにしよう。なお、患者の取り違えなどを防ぐ医療安全という意味でも、患者を名前で呼ぶことは重要である。
　さらに、患者に接する時は、言葉遣いだけではなく「表情」「態度」「目線」「身だしなみ」もとても重要であることも覚えておこう。いくら丁寧な言葉遣いをしても、無表情であったり目線を逸らしたりしたままだと、威圧的あるいはぞんざいな印象を相手に与えてしまうからだ。笑顔で、相手の目を見て名前を呼びかけ、丁寧な言葉遣いで患者と話すようにしよう。
　※なお、これは何も患者が相手の時だけに限ったことではなく、誰と接する際にも心掛けておくべきことである。

■参考文献
佐藤美智子．シンプルに考える　医療人としてのコミュニケーション．労災保険情報センター，2010，205p．
東京女子医科大学ヒューマン・リレーションズ委員会 編．医学生と研修医のためのヒューマン・リレーションズ学習．篠原出版新社，2003，275p．

表3-2. 注意する表現

会社・病院	御社（おんしゃ）、貴社（きしゃ）、貴院（きいん）
自分、オレ	私
～と言います	～と申します
どうもすみません	失礼いたしました 申し訳ございませんでした
すみませんが	恐れ入りますが
悪いのですが	恐縮ですが お手数ですが
どうでしょうか？	いかがでしょうか？
これでいいでしょうか？	これでよろしいでしょうか？
やってくれませんか？	お願いできませんでしょうか？
電話して下さい	お電話をいただけませんでしょうか？
待ってくれませんか？	お持ちいただけませんでしょうか？
はい、いい（OK）です	はい、結構です

２．教職員とのコンタクトの取り方

（１）メール

　大学の教員は、授業時間以外をずっと自分の研究室で過ごしているわけではない。会議や実習先への訪問、学会出張などさまざまな理由で研究室を空けていることも少なくない。授業終了後に、学生が直接教員に話しかけるといったことも考えられるが、授業の後すぐに別の用事を入れている教員もいるので、前もって面談の予約を取っておくことが望ましい。教員がオフィスアワーを設けている場合、その時間帯に研究室を訪ねるのもよいだろう。オフィスアワーとは、学生が事前の予約なしで研究室を訪問できる時間帯のこ

```
送信者：  hanako@example.ac.jp
日　時：  2019年5月15日
宛　先：  takada@example.ac.jp
件　名：  （無題）
本　文：  熱を出してしまったので、一昨日の授業を休みました (>_<)
         配布プリントをもらいたいのですが、いつ先生の部屋へ行ったらい
         いですか？
         お返事待ってまーす。
```

図3-2. 悪いメールの例

とである。

　教員がメールアドレスを公開している場合には、メールで連絡を取ることも可能であるが、**書き方のマナー**を知っておかなくてはならない。突然学生から図3-2のようなメールが届いたら、教員は困惑してしまうだろう。

　1週間に何コマも授業を担当している教員にとっては、何の授業のどういうプリントを誰に渡せばよいのかわからないので、これは非常に不明解な文面である。その上馴れ馴れしい文章を読まされて、気分を害してしまう教員もいるだろう。

　メールの書き方についての最低限のマナーをあげるので、以下のことは守るよう心掛けよう。

① **件　名**

　ラインやツイッターとは異なり、メールでは件名を書かなければいけない。メールの**中身を推測できるような具体的な内容**を簡潔に書く。

例1）E-learning ソフトの使用方法についての質問
例2）単位認定試験の範囲についての質問

② 宛　名
　本文の1行目には、宛名を記す。

例）〇〇教授、〇〇先生

③ 所属と氏名
　本文の2行目には、自分の所属（学部、学科、学年、学籍番号）と氏名（フルネーム）、そして履修クラスを明記する。

④ 敬　語
　正しい敬語を使い、相手に不快な思いをさせない文章を書くことが大事である。「ご多忙のところ申し訳ありませんが」「お手数をお掛けして恐縮ですが」等のフレーズを入れ、文章の最後は「どうぞ宜しくお願い致します」と書くのが一般的である。

⑤ 文　字
　絵文字や顔文字を使用しない。

⑥ 署　名
　最後にフルネームの署名をする。

　先ほどの悪い例を訂正すると、図3-3のようになる。
　教員から返信があれば、その返信に対して御礼のメールを送ることも、大事なマナーのひとつである（図3-4）。

（2）欠席や遅刻の連絡
　試験や実習に欠席や遅刻をする場合は、なるべく早く大学、もしくは担当

```
送信者：　田中花子
日　時：　2019年5月15日
宛　先：　takada@example.ac.jp
件　名：　基礎英語の配布プリントについてのお願い
本　文：　高田先生

　　　　　基礎英語（aクラス）を受講している薬学部1年PH19060田中花
　　　　　子です。
　　　　　5月13日（月）の授業を発熱の為欠席してしまいましたので、授業
　　　　　中に配布されたプリントを頂きたいと思っています。研究室へ伺い
　　　　　たいのですが、先生の御都合のよい日時を教えて頂いてもよろしい
　　　　　でしょうか。

　　　　　お手数をお掛けして申し訳ございませんが、どうぞ宜しくお願い致
　　　　　します。

　　　　　田中花子
```

図3-3．良いメールの例

```
本　文：　高田先生

　　　　　早速お返事を頂きましてありがとうございました。
　　　　　それでは、5月17日14時に高田先生の研究室へお伺いさせて頂き
　　　　　ます。
　　　　　どうぞ宜しくお願い致します。

　　　　　田中花子
```

図3-4．御礼のメールの例

教員に電話で連絡を入れることが必要である。

　例1）単位認定試験当日に事故に巻き込まれる。

　事故の種類によっては、まず警察に連絡し、その後大学に連絡して必要な手続きを確認する。大学に連絡せず、また事故に巻き込まれたことを証明することができなければ、単位認定試験の追試験の受験資格を得ることができない。

　例2）実習当日に寝坊して、集合時間に遅れそうになる。

　実習当日に突然欠席や遅刻をすることになった場合、すぐに実習先、もしくは担当教員に連絡を入れなければならない。実習というものは、実習先のさまざまな準備の上で成り立っており、実習先の方々が大変お忙しい中、実習生のために貴重な時間を割いて下さっていることを理解しなければいけない。実習生ひとりが遅れてくることが原因で、実習計画が大きく変化してしまう可能性もある。少々遅刻しても実習を受けられるなどと軽く考えないようにしよう。連絡先および連絡方法については実習先によって異なるので、必ず実習前の説明会に出席してそれらを確認することが必要である。

（3）事務職員とのコンタクト

　大学は教員のみで運営されているわけではない。事務的な仕事を担っている職員の存在なしに大学の運営を考えることは不可能である。学生も、履修に関する事務的な手続き、奨学金の申請、証明書の発行、サークル活動・学内施設の利用に関する申請、落とし物の届け出等、生活の中の多くの場面で、たくさんの職員と関わりを持つことになる。事務所で直接話をする際、また電話で連絡や問い合わせをする際、必ず心掛けないといけないのは、**はじめ**

に、自分の学籍番号、氏名、そして用件を伝えることである。用件については、内容を正確にわかりやすく伝えてほしい。**大学もひとつの社会であって、一般社会の中で守るべきルールは、大学の中でも守るべきである。**

… chapter 4．
情報を集める

1．インターネットの利用

（1）インターネットの概要

　1960年代、それまで単体で動いていたコンピュータを相互に接続して利用する仕組みがアメリカ合衆国で産声をあげた（ARPANET）。異なるコンピュータ同士でデータをやりとりするためには、データをどのような手順でやりとりするかという共通の手続き（プロトコル、protocol）が必要となる。この仕組みは、異なる場所にある異なるコンピュータを編み目（network）のように相互接続することができたが、初期に利用できたのは大学と国の研究所であった。1980年代になって、相互接続するためのプロトコルがより柔軟で強力なものに代わり（TCP/IP、TCP［Transmission Control Protocol］、IP［Internet Protocol］）、商用利用が開始された。これが今日のインターネット（Internet）の始まりである。ウェブ（Web、www［world wide web］）や電子メールなどは、インターネット上で展開されるサービスである。

　日本でも1980年代に大学を中心に導入され（JUNET）、その後商用利用も始まったが個人向けのコンピュータが比較的高額であったこともあり、爆発的に利用が進んだのはこうしたコンピュータが安価になった1990年代半ば以降である。2001年に内閣府に「高度情報通信ネットワーク社会推進戦略本部（IT戦略本部）」が設置されると、e-Japan戦略といった政策において

さまざまな分野でインターネット利用環境の整備が進められ、現在ではインターネットを利用する機器はいわゆるコンピュータにとどまらず、家電製品、携帯電話など多岐にわたり、ショッピングやさまざまな手続きがインターネットを介していつでもどこでも行えるようになるなど、大変身近な技術となった。

ただ、このように身近になり多くの人が利用するようになったことで、安全に利用するためには注意が必要となっていることも事実である。インターネットを用いた犯罪の被害者や、そのつもりはなくても加害者になってしまうようなことがないように、次節ではインターネットを安全に利用するために注意すべき点を学ぼう。

（2）情報セキュリティ

インターネットを安全に利用するためには、コンピュータに保存されるさまざまな情報に関して次の3つを確保する必要があるとされている（ISO [International Organization for Standardization、国際標準化機構] による定義）。

- **機密性**（Confidentiality）：情報にアクセスできることを認可されたものだけがアクセスできること
- **完全性**（Integrity）：記録されている情報やその処理が改ざんされていたり、消えていたりしないこと
- **可用性**（Availability）：認可された利用者が、必要なときに情報にアクセスできること

この3つを確保することを**情報セキュリティ**という。今日では個人情報などの重要な情報をコンピュータで管理することが多く、情報セキュリティの重要度は増している。ここでは個人でコンピュータ、インターネットを利用

する際の情報セキュリティについて、問題となっている事柄を例にとりながら考えてみよう。

① ID、パスワード、IC カードによる認証

電子メールや、オンラインショッピングなどのインターネット上のサービスを利用するとき、情報セキュリティの機密性を確保するため、利用者にそのサービスを利用するための ID（Identification Data、識別情報）とパスワード（password）が付与される。サービス利用時に入力する ID とパスワードの組み合わせが正しければ、サービスの利用を許可した個人とみなし、その個人だけがアクセスを許されたデータやサービスを利用することができるようにする仕組みである。また、ID とパスワードの代わりに、サービスを利用するために IC（Integrated Circuit、集積回路）カードが付与されることもある。IC カードも ID とパスワードの代わりに認証に利用される。特定のコンピュータを利用する権利や、コンピュータやインターネット上に構築されたサービスを利用する権利を**アクセス権**と呼ぶ。ID とパスワードや IC カードはアクセス権を付与するために利用される仕組みである。

この ID とパスワード、IC カードを何らかの方法で盗まれてしまうと、個人情報や機密情報を盗まれるだけでなく、場合によっては情報システム自体を変更されてしまい、完全性や可用性までも奪われる結果となってしまう。例えば次のような事態が起こってしまうだろう。

- 自分の携帯電話番号やメールアドレスがインターネット上に公開され、迷惑メールやいたずら電話が多くなった。
- 身に覚えのない詐欺の疑いで警察から事情聴取を受けた。後日 IC カードを貸した知り合いが自分になりすまし、自分の電子メールアドレスを使って犯罪を起こしたことがわかった。

表4-1. ダメなパスワードの例

password	password1	12345678	abc123
qwerty	monkey	Iloveyou	ninja

　このような事態を避けるためには、IDとパスワード、ICカードの管理が重要である。IDとパスワード、ICカードの管理では以下の3点に注意しよう。

- 友人や家族でも、自分のIDやパスワードを教えたり、ICカードを貸さない。
- IDとパスワードの組み合わせをメモしない。
- パスワードを簡単に推測されるような文字列（名前、誕生日等）にしない。

　パスワードの作成に関しては、次の3点に注意して作成するとよい。表4-1はダメなパスワードの例である。

- 文字数は多いほうがよい（文字数が指定される場合もある）。
- ランダムな文字列もしくは、辞書に載っていない自分で作った言葉をもとにする。
- 英字のみ、数字のみのようなものでなく、英数字、記号を混ぜたものにする（利用できる記号はサービスによって異なるので確認すること）。

②コンピュータウイルス、スパイウェア
　コンピュータウイルスは、その名の通り生物学的な「ウイルス」によく似た機能を持つソフトウェア（コンピュータプログラム）であり、次の3つの

機能のうちひとつ以上の機能を持っているソフトウェアをいう。

発病機能：データの破壊など、コンピュータ利用者が意図しない損害を与える動作を行う機能
自己伝染機能：自らを複製することによって、他のコンピュータに伝染する機能
潜伏機能：時刻や実行回数など、一定の条件を満たした後に発病する機能

コンピュータウイルスに感染（利用するコンピュータに導入された状態）すると、特定の文字が画面に出るといった深刻な被害がない機能が実行されるだけといった程度ですむこともあるが、利用者がコンピュータに保存しているデータが消去または破壊されたり、個人情報や個人の写真、電子メールの内容がインターネット上に公開されてしまうような悪質な機能が実行されることが多くなっている。

スパイウェアは、コンピュータの利用者に知らせることなく、利用者の個人情報やどのようなウェブページを見ているかなどの情報を外部に送信する機能を持つソフトウェアである。文字通りスパイのような役割をしている。

コンピュータウイルスもスパイウェアも、自分が利用するコンピュータに導入される際には利用者に明確な確認はなく、勝手に導入されてしまう。こうしたソフトウェアの侵入経路としては、利用しているコンピュータが外部からデータを取り込むすべてを考える必要がある。すなわち、侵入経路はインターネットはもとより、SDカード、USBメモリなどの外部記憶メディア、ブルーレイディスクやDVDなどの光学メディアなどである。特に友人や知り合いの間でUSBメモリを用いたファイルのやりとりを行った結果、コンピュータウイルスに感染する例が非常に多くなってきている。また、ウェブページを見たときにプログラムが実行され、知らないうちに感染しているといった例もある。

コンピュータウイルスやスパイウェアから守るためには次の３点に注意するとよい。

- 必ずウイルス対策ソフトウェアを導入する。最近のウイルス対策ソフトウェアは、スパイウェアを検出する機能を持っていることが多い。
- 迷惑メール（次で解説）に掲載しているウェブページを閲覧したり、添付ファイルを開いたりしない。
- 怪しいウェブサイトなどの閲覧は避ける。

③ 迷惑メール
　インターネットが普及し、電子メールを多くの人が利用するようになると、電子メールはテレビやラジオといった広告媒体のひとつとしての価値を持つようになった。電子メールは複数の受信者に一斉に同じメールを送ることができるため、これを悪用して不特定多数に広告メールを送りつける個人や企業が現れるようになった。このような電子メールは**迷惑メール**、**SPAM**（スパム）と呼ばれ、詐欺などの犯罪の温床にもなっているために社会問題化している。総務省の発表によると、日本で流通する電子メールの７割がこうした迷惑メールになっており、インターネットにおける通信を阻害する要因にもなっている。迷惑メールの目的は、物を売ることではなくコンピュータウイルスに感染させたり、関係ないウェブページへ誘導して個人情報を収集することであることも多い。日本では、平成14年に迷惑メール防止法と呼ばれる「特定電子メールの送信の適正化等に関する法律」が施行され、特定電子メール（営業を目的とした広告や宣伝をする電子メール）については以下の表示が義務づけられている。

- 送信者の氏名や名称。
- 受信拒否の通知を受けるための連絡先。

- 送信者と販売者が異なる場合は、販売者の氏名や名称。

　また、送信者のメールアドレスを偽ることや、受信拒否の通知を受けたのに同様のメールを送信することは禁止されている。しかし、迷惑メール防止法によって摘発される業者もあるが、送信者を特定することは困難な場合も多いことを忘れてはいけない。迷惑メールの対処法を4つあげる。

- 電子メールクライアントソフトウェア（電子メールを読み書きするソフト）や、電子メールサービスを提供している企業が提供している迷惑メール対策機能（スパムチェッカー）を有効にする。
- 迷惑メール中にあるウェブページへのリンクを興味本位でクリックしたり、添付ファイルの画像やプログラムを開いたりしない。コンピュータウイルスに感染したり、別の犯罪へ巻き込まれる危険がある。
- 受信拒否の意思表示をする際は、受信を拒否する電子メールアドレスと、受信拒否の意思のみを送り、絶対に氏名や住所などといった個人情報を送ってはならない。受信拒否を行った電子メールは保存しておくこと。
- 可能であれば特に意思表示などは行わず、電子メールアドレスを変更するのもよい。

④**不正アクセス（クラッキング）**

　コンピュータやインターネットを用いたサービスを利用するには、一般的にIDとパスワードやICカードによるアクセス権が必要であることを先に学んだ。IDとパスワードの組み合わせを試すなどして、アクセス権のないコンピュータやサービスを利用しようと試みたり、実際に利用することを「**不正アクセス**（または、**クラッキング**）」と呼んでいる。日本国内では「不正アクセス行為の禁止等に関する法律」が平成12年に施行され、不正アクセスそのものや、他人のIDとパスワードを第三者に渡すなど、不正アクセス

を助長する行為も禁止されている。コンピュータやインターネットのサービス利用者としては、このような不正アクセスをしないことはもちろんのこと、先にも述べたように自分のID、パスワード、ICカード等サービス利用に使用する認証情報の管理を徹底しよう。

⑤ソーシャルエンジニアリング

IDやパスワードといった認証情報や、個人情報を盗み出すにはコンピュータの専門的な知識が必要だとは思っていないだろうか。不正アクセスを行い、こうした情報を盗み出すといった、情報技術を駆使したような犯罪はごくわずかであり、実際にはもっと単純な手口で盗まれることが多い。コンピュータや情報技術を利用することなく、認証情報や個人情報を盗み出す手口は「**ソーシャルエンジニアリング**」と呼ばれる。ソーシャルエンジニアリングは、こうした情報の管理に対する個人のちょっとした油断につけこむものともいえる。以下のような手口が実際に報告されている。

- 電話で情報システムの管理者を装い、IDとパスワードを聞き出す。宅配業者を装って住所を聞く、銀行員を装ってキャッシュカードの暗証番号を聞くなども。
- 肩越しに暗証番号や、パスワードの情報を覗く（**ショルダハッキング**）。
- ゴミを漁る（**トラッシング**）。

特に最初の手口だが、企業や組織の担当者が、個人情報や認証情報を電話やメールなどで聞くことはない。このような問い合わせがあったときは、断るべきである。手口は情報技術と融合して年々高度化している。近年被害が増加しているのが**フィッシング詐欺**である。電子メールや実在する企業のウェブページを模して、IDとパスワード、暗証番号や個人情報などを聞き出したり、金銭を振り込ませるなどの詐欺をはたらく犯罪である。今後もさま

ざまな手口が出てくるだろうが、このような情報を聞かれる時には、疑ってかかるように心掛けよう。

(3) 情報を集める
①情報の質

　友人と食事をしようと計画を立てる時、「おいしい食事を出すお店はどこか」といった情報を調べるために、あなたはどのように情報を調べるだろうか。また、最終的にお店を決めた情報にはどんな特徴があるだろうか。おいしいお店をよく知っている友人に聞く人、携帯やスマートフォンでグルメ情報を掲載しているウェブページを見る人、そうした情報を掲載した雑誌を読む人、調べずに現地に行ってからお店の前のメニューで決める人、さまざまだろう。確実においしいお店にたどり着くにはどうしたらよいか、あなたはより正しいと思う情報を探すことになるだろう。すなわち、何かを判断するのに集める情報は、より質の高い（信頼できる）情報である必要があるといえる。**情報の質**を決めるのは次の３点である。

　　情報の出所：その情報がどこから出ているか。誰が言っているのか。
　　情報の根拠：その情報はどのようなデータに基づいているか。何を根拠に
　　　　　　　　しているのか。
　　情報の鮮度：その情報がいつ出たか。

　ほとんどの人は、よく知っている友人がおいしいと言っていたら、そのお店の料理はおいしいらしいと判断するだろう。多くの人は、よく知っている人（情報の出所）が実際に行って食べたらおいしかった（情報の根拠）という情報に信頼をおくからである。おいしいと言っている友人がたくさんいれば、より信頼性は高まる。これは情報を比較することが、より質を高めることを示している。集めた情報を用いて判断する場合には、必ず複数の情報を

比較することが重要である。出所と根拠で情報の質は大部分が決まるが、もうひとつ忘れてならないのが情報の鮮度である。たくさんの友人がおいしいと言っていた店でも、行ってみたらすでにお店自体がなくなっていた、これでは集めた情報の意味がない。大学で学ぶさまざまな分野の情報も、新しい発見があればこれまで正しいとされていた情報が間違いだったとわかることもある。集めた情報がいつ出たものなのか、これについても気をつける必要がある。次節以降で、情報を集める際によく利用されるふたつの情報源の利用方法について学ぼう。

2．インターネット上の情報と検索エンジン

(1) 情報検索

　コンピュータの利用が一般的になったことと、インターネットの普及により、大学や企業などの組織だけでなく、個人や、なかにはさまざまなデータを取得するセンサまでもが情報をインターネット上に公開しており、現代は「情報爆発時代」と呼ばれるようになった。インターネットのリアルタイム性により、これまで一般的な情報源であった書籍や雑誌に比べると、情報の鮮度という点で優れた情報を簡単に取得できるようになった反面、誰もが情報を公開できるため、情報の出所や根拠という点で劣っている情報も少なくない。また、少数派の意見と多数派の意見を区別しにくい点もあげられる。これがインターネット上の情報の特徴である。爆発的に増えたインターネット上の情報から、自分が求めている情報を探し出す道具として、**検索エンジン**と呼ばれる情報を探し出す機能を持ったサービスがある。検索エンジンを上手に利用することで、効率的に必要としている情報を探し出すことが可能になる。検索エンジンを上手に利用するには次の2点が重要である。

① 検索に利用する単語（検索キーワード）を選ぶ

例えば英語の 1 人称を表す「I」という文字は、アルファベットの I でもあり、英文であれば、ほとんどの英文に登場すると考えられる。このような検索キーワードを選んでしまうと、情報を絞り込む役目を果たさない。自分が必要としている事柄の中で、特徴的な（他と差別化できるような）キーワードを選ぼう。

② 検索エンジンの利用方法をマスターする

多くの検索エンジンでは、複数のキーワードを空白（スペース）で区切って並べることで、絞り込み検索（AND 検索）を行うことができるようになっている。これまで検索エンジンを利用したことがある人なら、この機能は利用できることを知っている人も多いだろう。しかし、検索エンジンには検索結果を絞り込むことができるより多くの機能がある。代表的な検索エンジン「Google（http://www.google.co.jp/）」を例にいくつか紹介しよう。

- OR 検索：複数のキーワードのいずれかを含むページを検索したい時。キーワードの間に「or」を入れる。
  例）アップル or りんご
- フレーズ検索：ひと続きの文を検索したい時。全体をダブルクォーテーション「"」で囲む。
  例）"I love you."
    「"」で囲まなければ、I、love、you. という 3 つの単語の AND 検索になる。
- site 検索：特定のページの中でキーワードを検索したい時。すでにそのページの情報の質が高いことがわかっているときなどに利用できる。
  例）site:www.google.co.jp キーワード
    「site:」の後にそのページの URL（Uniform Resource Locator、http:// または https:// ではじまる、そのウェブページの場所）

また、検索結果の更新時期で検索結果を絞り込むことができる。これは情報の鮮度の目安になるだろう。
　紹介した機能以外にも、さまざまな機能が用意されている。使いこなせば、情報を集める際に非常に強力な道具になる。

（2）情報を利用する
①著作権、ライセンス（使用許諾）
　音楽や映画、写真、集めた情報を記載していた書籍、雑誌、インターネット上の記事など他人が作り出したすべてのもの（著作物）には、**著作権**と呼ばれる著作者（作り出した人）の人格や財産を守る権利が存在する。コンピュータの普及に伴い、技術的には音楽や映画などを品質を劣化させず、簡単に複製できるようになったため、著作権侵害がたびたびニュースになっている。例えば国内では、他のウェブページで公開されていた記事を、無断で自分のブログに掲載していた男が著作権法違反で逮捕されるといった事件があった。著作物を利用するためには、著作者の許可が必要である。著作者が無料で利用を許可している著作物においても、著作権が消失しているわけではないことに注意しよう。著作権は著作者の死後70年で消失する。

　また、コンピュータで利用するソフトウェアなど一部の著作物には、**ライセンス（使用許諾）**と呼ばれる、利用するにあたって守る必要のある条件がつけられることがある。利用者は、ライセンス条件に従う範囲内でその著作物の利用を許される。例えば、ひとつのソフトウェアを数台のコンピュータにインストールして利用する行為は著作権侵害にあたる。しかし、一部のソフトウェアのライセンスでは、自分が利用するコンピュータに限って1台分余計にインストールすることを許可しているものもある。ライセンスがある著作物に関しては、利用前にライセンスを確認する必要がある。

② 剽窃(ひょうせつ)と引用

剽窃とは、他人が発表した考えや意見を自分のものとして発表することをいい、大学など自分の考えが重要視される世界においては、物を盗むのと同じ恥ずべき行為で、絶対に行ってはならない。著作権侵害との違いは、著作権はあくまで法律の下での話であるのに対し、剽窃は著作権が切れた著作物に対しても適用される点である。剽窃を行ったことがわかった場合には、その年の単位を失うという決まりを設定している大学もある。それほど重要な問題であることを認識すべきである。以下の例は剽窃であり、注意すべきである（chapter 7. 参照）。

- 友人のレポートの内容を、写してよいか許可をもらって写して提出した。
- 本の内容を少し書き換えてレポートに書いた。

さて、せっかく調べた情報を利用するのに、そのままでは利用できないと思ったかもしれない。著作権法上の例外があり、剽窃とも区別できる著作物の利用方法として**引用**がある。引用は著作者の許可を必要としない。引用時には次のことに気をつけるとよい（chapter 7. 参照）。

- 出典（引用する著作物の名称、ページなども）を明確にする。
- 引用する内容が多くなりすぎない。
- 引用する内容は「」をつけるなど、他と区別する。
- 原文を変更せず、正確に記述する（長い場合には、中略などと記して途中を略す）。

3．図書・雑誌、論文情報の検索

(1) 図書・雑誌の所在を調べる

　図書・雑誌の所在を図書館で探すには、図書館ホームページ上からアクセスできる蔵書検索（OPAC：Online Public Access Catalog）を利用する。蔵書検索画面からキーワード等で検索し、検索結果から得られる**請求記号**（図書の背に貼ってあるラベル）を元に、書架で探す。書架には、日本十進分類法（NDC）に基づいたテーマ別で分類の上、図書が配架してある。雑誌（カレント雑誌）の場合は、蔵書検索で表示された雑誌タイトルのアルファベット順で配架されている。蔵書検索では所在だけでなく、**カレント雑誌**の到着状況を確認することもできる。**製本雑誌**は、カレント雑誌とは異なる場所に、蔵書検索で表示された雑誌タイトルのアルファベット順で配架されている。製本状況も蔵書検索から確認可能である。

　図書館に所蔵していない図書・雑誌については、CiNii Books で検索し、相互利用制度を利用して他機関で閲覧することも可能である。ただし、所定の手続きが必要なので、図書館に問い合わせること。

　①請求記号

　請求記号は「分類番号」「著者記号」「巻号」から構成されている（図4-1）。

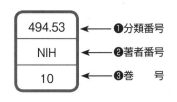

図4-1．請求記号

4．情報を集める

❶分類番号：『日本十進分類法 新訂9版』に基づき、付与される。書架では、分類番号の数値の順に並んでいる。

例） 494.53 → 494.6 → 494.67 → 494.68

❷著者記号：著者をアルファベットで表記したときの姓の3文字を表記している。同じ分類番号では、著者記号のアルファベット順に並ぶ（書名のアルファベット表記の頭3文字のものもある）。

例） HYO → KAN → KEI

❸巻　　号：同じ分類番号・著者記号では、巻号の数字の順に並んでいる。ただし、空白が先に並ぶ。

例） 空白 → 巻号

②カレント雑誌

新刊雑誌。1～2年の短期保存のものもあるが、多くはその後製本され、長く保存される。

③製本雑誌

カレント雑誌をある程度まとめて、表紙をつけて冊子体にした雑誌。

④ CiNii Books

　国立情報学研究所（NII）が提供しているデータベースのひとつで、全国の大学図書館等が所蔵する図書・雑誌の情報を検索することができる。

（2）雑誌掲載論文を読む

①主題に基づいた論文の調べ方[※1]

　論文の書誌情報が検索できるツールを利用して、読みたい論文を特定する。その際必ず、該当論文が掲載されている雑誌のタイトル・巻号・ページも特

定し、引用する場合に必要となるので書誌情報を記録しておく習慣をつけておこう。

② 論文を閲覧する方法

読みたい論文が掲載されている雑誌が図書館で所蔵しているかどうか、蔵書検索で検索し、所蔵していれば探して該当ページを閲覧する。

所蔵していない雑誌に掲載されている論文の場合は、大学で契約している電子ジャーナル等で閲覧できるかどうか、あるいは Free で公開されていないかどうか検索する[※2]。検索の結果、電子ジャーナルで閲覧できた場合は、その URL や DOI[※3]、検索したデータベース名等、引用する場合に必要となるので、記録しておく習慣をつけておこう。

該当論文が掲載されている雑誌の所蔵がなく、電子ジャーナルでも閲覧できなかった場合は、相互利用制度を利用して他機関から論文のコピーを取り寄せることが可能である。ただし、所定の手続きが必要なので、図書館カウンターに問い合わせること。

[※1] **論文の書誌情報が検索できるツール**
- CiNii Articles：国立情報学研究所（NII）が提供しているデータベースのひとつで、学術論文情報を検索することができ、全文が閲覧できるものも収録されている。
- 医中誌 Web：国内発行の医学・歯学・薬学・看護学及び関連分野の論文情報を検索することができる。
- magazineplus：国立国会図書館の「雑誌記事索引」を収録するほか、「雑誌記事索引」ではカバーしきれない学会年報・論文集や一般誌、地方誌なども収録している、国内最大規模の雑誌・論文情報を検索できるデータベース。
- PubMed：米国の国立医学図書館（NLM：National Library of Medicine）内の国立生物科学情報センター（NCBI：National Center for Biotechnology Information）が作成した論文の書誌情報（1949年以降）が検索できる世界最大の医学・生物学文献のデータベース。
- Index Cat：1880年〜1961年までの外国文献情報を検索することができる。

[※2] **大学で契約している電子ジャーナル等**

（3）その他の学術情報について

（1）（2）で紹介した以外にも、医療情報や新聞記事、図書内容など検索できるツールがある。図書館のホームページからアクセスできるので、大いに利用して、学習や研究に役立てよう。

※文中で紹介した配架方法、電子ジャーナル・データベース等は、兵庫医療大学附属図書館の実績によるものである。学内でのみ利用できるものもあるのでその点は注意いただきたい。

4．図書館をよりよく利用するために

「図書館は知の宝庫」といわれるように、来館して図書を探し書架で見つけると、その周辺には同じ主題の図書が配架されている。新しい発見の始まりである。

　図書館をよりよく利用できるかが、今後の学習・研究活動に大きく影響する。"図書館の使い方を知らなかった"で4年または6年間が終わってしまわないよう、積極的に利用しよう。

　蔵書は、学部学生の学習活動や大学院生及び教員の研究活動を支援するた

- メディカルオンライン：日本国内の学会・出版社発行の雑誌に掲載された医学、歯学、薬学、看護学、医療技術、栄養学、衛生・保健などのあらゆる医学関連分野の「医学文献」から検索し、全文を閲覧することができる。
- SFX：電子ジャーナルや電子ブック、OPAC、Webサーチエンジン等へのリンク情報を集中管理し、利用者が求める最適な資料へとナビゲーションするシステム。検索結果から契約している電子ジャーナル等へリンクし、全文を閲覧することができる。
- Science Direct：Elsevier社が発行する科学・技術・医学・社会科学分野のジャーナルの中で、契約している電子ジャーナルについて全文を閲覧することができる。
- Wiley Online Library：Wiley社が発行する電子ジャーナル（1997年〜）について、全文を閲覧することができる。

[※3] DOI
　Digital Object Identifierの略で、デジタルオブジェクト識別子。デジタル化された論文等デジタル著作物に付与される識別コード。

めに、各専門分野の学習用資料と研究用資料のふたつに大きく分けられる。

　学習用資料としては、授業で使う教科書や参考書、教養書及び一般情報雑誌などがあり、研究用資料としては、専門書や学術雑誌、紀要、議会資料、統計資料などがある。百科事典、語学辞書、白書などは両方の性格をもっている資料といえる。資料ごとに貸出期間や貸出条件、利用規則が異なるので、利用の際には確認しておこう。蔵書として備えている図書以外で希望図書があれば、所定の用紙に記入の上、カウンターに提出することで蔵書として備えることができるということも知っておこう。

　一方、紙媒体の図書・資料だけではなく、インターネットの世界にもさまざまな情報が満ち溢れている。そんな情報の中から、**必要で確かな情報を"選別する目"**を、是非養ってもらいたい。

　また、**著作権法**が定める範囲・目的外での著作物の複製や、電子ジャーナルの論文データを大量に一括ダウンロードするなどの禁止行為を決して行わないよう、利用上のルールを遵守しよう。

　図書館内では、学習・研究が快適に行えるよう、閲覧室やグループ学習室に多くの机を用意し、学習スペースを提供している。

　蔵書や設備機器は、共同で利用するものなので、良識をわきまえて使用し、在学中はもちろんのこと、後輩たちも気持ちよく利用ができる施設として維持していけるよう協力願いたい。

　利用方法等わからないことや図書館への要望等があれば、気軽にカウンターの係員に聞いてみよう。

■ 参考文献
井上真琴．図書館に訊け！．筑摩書房，2004，253p．
宮内泰介．自分で調べる技術―市民のための調査入門．岩波書店，2004，199p．
野口祐子．デジタル時代の著作権．筑摩書房，2010，286p．
村井純．インターネット新世代．岩波書店，2010，240p．

chapter 5.
ノートをとる

1．ノートをとる意味

　小学校から高校まで、授業の時、ノートをどのようにとり、またどのように使ってきただろうか？　教員が黒板に書いたことをそのまま写してきただろうか？　あるいは自分独自のノートのとり方を工夫したりしただろうか？またノートをとった後それを見直して復習に利用しただろうか？　それともノートをとるだけでそれっきり活用することはなかっただろうか？　ここではノートをとる意味や実際にノートをとるテクニックを紹介する。

（1）板書を書き写すことではない
　小学校などで授業のノートを定期的に提出させられていた経験のある人も多いだろう。そのとき自分がどんなノートを提出したのか思い出してみよう。そんな昔の話は憶えていないという人もいるかもしれない。しかし高校時代に自分がどのようにノートをとっていたかは、まだ思い出せるのではないだろうか。
　多くの人がこれまでは、ノートをとることは教員が黒板に書いたものをそのまま書き写すことだと思っているかもしれない。しかし大学に入ったら、その考えを少し改める必要がある。
　大学の授業では、そもそもまったく板書をしない教員がいるかもしれない。もちろん、教員が板書をしないからといって、ノートをとる必要がないわけ

ではない。またごく簡単なキーワードだけを黒板に書いて、話をし続ける教員がいるかもしれない。もちろんその場合も、そのキーワードをノートに書いておけば十分というわけではない。またレジュメなどのような資料を配付したり、パワーポイントを用いて授業を進める場合も、資料に書ききれなかったことだけを補足的に教員が黒板に書いていくかもしれない。やはりもちろんそれだけを書き写していても、ノートをとったことにはならない。

　要するに、ノートをとるということは、**教員が板書をしたことをそのまま書き写すのではない**ということである。ノートをとるというのは、提出の義務があるからでもなく、教員のためでもなく、自分自身のためだということをまず理解しておく必要がある。

（2）ノートを見て授業を思い出せるように

　ノートをとるのが自分のためである理由を考えてみよう。ひとつには復習の時、テスト前の勉強の時に、ノートを読み返してみて授業の内容を振り返ることができるようにすることである。そのためには、ただ教員が板書したことを書き写すだけではなく、自分自身が後でそのノートを見直すときに、授業を再現できるような工夫が必要になる。

（3）何がわかって、何がわからなかったか

　もうひとつノートをとることの目的としては、授業の中で話されたことの何が理解できて、何が理解できていないかを整理しておくことである。そうしておけば、後で自分がどのあたりを復習しなければならないかなどがよくわかるだろう。だからやはり教員が板書したとおりにノートをつくっても、それは必ずしも自分自身のためになっているわけではないのである。

　例えば、よく理解できたところ、まだ漠然としか理解できていないところ、ほとんど理解できていないところなど何らかの目印をつけておけば、後でノートを見直したときに、すぐに自分の弱点が見つけられるようになる。

（4）ノートの活用

　授業がわかったかどうかを確認するために、他人に説明することが有効かもしれない。一度とったノートを使って、あなた自身がもう一度授業を再現してみよう。友だちを前にして、どれくらい説明できるかが、あなたの授業の理解度を示しているだろう。わかったつもりでいることも、他人に説明してみるとうまく説明することができず、自分が十分理解できていなかったことに気づくこともある。せっかくつくったノートだから、つくりっぱなしにせずに、積極的に活用するようにしよう。

（5）働き始めてからも必要

　ノートをとる習慣は、学生でいる間だけでなく、働き始めてからも重要になる。あなたが誰かと仕事の話をしているとしよう。おそらくすべての事柄を頭だけで記憶するのは困難である。また間違いをおかすもとにもなる。また仕事の場面では、学校の授業でのように、誰かが丁寧に重要な事項を板書してくれるということもない。相手と話をする中で、何が重要かをその場で判断しながら、ノートをとっておく必要がある。そうした習慣は、仕事を始めたからといって、すぐにできるわけではない。しかし仕事を始めれば、その日からすぐに必要になることでもある。だから、大学にいる間からノートをとる習慣を身につけて、どうすれば効率的なノートをつくれるようになるかを考えて、試行錯誤する必要がある。

　図5-1はノートのサンプルである。サンプルのように授業で重要だと考えたところに下線を引いたり、矢印で関係を明確にしたり略号を使ったりしよう。きれいに書く必要はないのである。

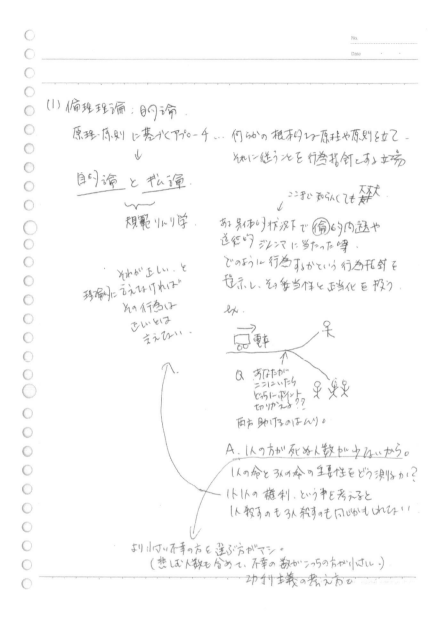

図5-1. ノートの例

目的論 (teleology)... ※勘チガイしてる！(責)!
　別名：帰結主義　　ある(目)的で価値判断を行う際、
　　　　(P140)　　　その基準を行為の動機ではなく、
　↓　　　　　　　　その行為を行ったことによって生じた結果に
　　　　　　　　　　基づいて判断しようとする理論的立場。

結果がいいか悪いかで判断される。

　善い／悪い　とは？
　　↓　　↓
　人々に
　幸福をもたらすこと　苦痛をもたらすこと

では 幸福、苦痛とは？

その前に… P141　利己主義 … 自分さえよければいいという考え方。
　　　　　　　　↑　　　　　（幸福が自分一人にもたらされればよい）
　　　　　これでは、　　　善い結果である
　　　　　集団の倫理としては困る。

　　　　　②善い結果としての幸福をもたらす行為は
　　　　　　特定の個人のみにではなく、より多くの人にもたらされればダメ。
前ページの
電車の例を　　　⇒「最大多数の最大幸福」
参照。

①　　　　　　できるだけ多くの人ができるだけ大きな(善)と
　行為の善悪を、　得ることができるよう行動しなさい。
　行為の動機ではなく　　　　　⇓
　行為の結果で判断すること。← 「功利主義」という考え方。
②行為の結果が必ず　　　　　⇔ 利己主義とは違う。
　最大多数の最大幸福をもたらすこと。

図5-1のつづき

2．ノートテイキングの実践

　ノートをとる重要さは理解できただろうか。それでは次に実際にノートをとるトレーニングをしてみよう。

（1）テーマは何か？
　授業は、その回ごとにあるテーマや問題に関連して行われる。場合によっては2回、3回と同じテーマが連続することもあるだろう。ノートをとる際に重要なことは、その授業がどのようなテーマ、あるいは問題についての授業なのかを明確にしておくことである。そのために、事前に配布されているシラバスを確認することも、ノートをとるにあたって役に立つ。

（2）接続詞に注意する
　ノートをとるときだけでなく、文章を読むときでも同じだが、何がその話のポイントになるかを見分ける目印として、接続詞がある。

- 例えば＝話題に関連する実例などの紹介のときに使われる
- なぜなら＝ある事柄に関する理由を述べる
- 要するに＝それまで話したことを簡潔にまとめる
- したがって、〜ゆえに＝結論を導く

　以上のような接続詞を使いながら教員は授業を進めていくだろう。その目印を聞き逃さず、何が重要なのかを理解しよう。

（3）授業中でのノートテイク
　授業は時間とともに流れていく。あなたのペースでノートをとっていては授業のペースに遅れてしまうということも考えられる。ノートは授業内だけ

で完成させなくてもよいと思っておこう。授業内では必要なことを書き留め、後でわかるようにしておき、授業が終わって時間がとれるときに、ノートを整理するとよい。このように、後から完成させるということが重要である。

（4）記号の使用

　また、授業のペースに遅れないようにするために、記号を使うこともよい。例えば、よく出てくる言葉の略記法を決めておいて、その言葉が出てきたら略語ですますことができる。また線や矢印を用いて、事項どうしの関連づけを行うこともできる。

例）患者＝P, 医師＝D, 看護師＝N, 薬剤師＝Pha, 理学療法士＝PT, 作業療法士＝OT etc.

（5）わからなかったことを質問しよう

　授業の内容を一度聞いて100％理解するということはほとんどないだろう。授業を受ける前の予習も重要だが、授業を受けた後の復習も重要である。

　復習するときには、ノートをもう一度読み返してみて、その授業でわかったところ、わからなかったところを自分自身で把握するようにすべきである。何がわかったのかということだけでなく、何がわかっていないのかを自分自身で知っておくことはとても重要なことである。わからなかったことは、できるだけ早いうちに教科書や参考図書を参照して理解できるようにしておこう。

　自分でいろいろ調べてみたけれど、わからなければ、教員に直接質問することも必要だ。教員は答えを教えてくれるかもしれない。あるいは答えを見つけるためのヒントを教えてくれるかもしれない。いずれにしても、わからないことをそのまま放っておくのではなく、できるだけ早く、わからないことをなくすようにすべきである。

■ **参考文献**

専修大学出版企画委員会 編 . 知のツールボックス　新入生援助集 . 専修大学出版局 , 2009, 244p.
中澤務他 編 . 知のナヴィゲーター . くろしお出版 , 2007, 200p.

chapter 6.
文献・資料（テキスト）を読む

1．大学で読む文献・資料

　大学生活では、日々の学習や研究においてさまざまな文献・資料（テキスト）を読む機会がある。具体的には、教科書をはじめ、専攻する分野の専門書や参考書、学術論文等を読まねばならない。もちろん、インターネットやコンピュータが普及した現在では、紙媒体のみならず、ホームページ上の情報や電子ファイルの形で目にする資料も多い。表6-1に代表的な文献・資料をまとめた。これらは、その種類によって、著者が執筆した趣旨や想定している読者が異なる。したがって、**学生は、自分の勉強の進み具合やその時々の目的に応じて適切な文献・資料を選択し、読む必要がある**。例えば、1年生が高度な専門書や学術論文を読むのは困難であろう。まずは教科書によってその分野の基礎的な知識を身につけ、徐々に専門性の高い文献・資料を読み進めていくべきである。一方、卒業論文の執筆を控えた学生であれば、初学者向けの教科書を読むだけでは不十分であり、自分の研究テーマに関連する専門書や学術論文を読みこなすことが望ましい。

2．文献・資料を読む目的

　表6-1にあげた文献・資料には、それぞれ誰に向けてどのようなことが書かれており、どのような目的で読むのがよいのだろうか？　これらの区分は

表6-1. 大学での学習・研究のために読む文献・資料

	想定されている主な読者	読む目的
（1）教科書	学生（特に初学者）	それぞれの学問分野や研究領域における基本的な知識、理論、技能について学習する。
（2）辞書・辞典・事典	一般の読者・学生・専門家	言葉の意味や定義、専門用語、事物や事柄について調べる。
（3）解説書・マニュアル・参考書	専門家（研究者）・学生・特定の知識や技能を得たい者	それぞれの学問分野や研究領域における専門的な知識、理論、技能等について効率的に学習する。
（4）専門書	専門家（研究者）・学生	それぞれの学問分野や研究領域における高度で専門的な知識や理論について知る。
（5）学術雑誌・学術論文	専門家（研究者）・学生	先行研究や最新の研究の成果や知見について知る。

さほど明確でない場合もあるが、一応の目安として知っておけば、学生生活のさまざまな場面で、読むべき文献・資料を選択する際の参考になるだろう。なお、（1）から（5）の数字は、概ね基礎的なものから発展的なものへの順序であり、学生が読み易い順番でもある。

（1）教科書

　大学でも教科書が指定される授業がある。言うまでもないが、**教科書は、その授業を受ける際の主な教材**である。ただ、大学での教科書には、学生向けに授業で使われることを想定して書かれたものとそうでないものとがある。確かに教科書に指定されるような書籍は初学者のための入門書が多いが、高度な内容を学ぶ科目では専門書が教科書に指定される場合もある。また、実

習系の授業では、実験のプロトコルやさまざまな手技・技能を説明した解説書やマニュアルが教科書となる場合もある。高校までの授業では、原則として文部科学省の検定を受けた教科書が使われ、出版社が違っても内容が大きく異なることはなかった。そして、教科書に沿って授業が行われるため、高校が違っても学習内容はほぼ共通であったはずである。一方、大学では、使用される教科書は多様であり、大学が異なれば同じ科目名で開講されている授業でも内容がまったく異なるということが少なくない。ところで、大学の授業では、高校までのように教科書の内容のすべてが丁寧に説明されることはむしろ少ない。**教科書は講義の予習や復習のために自力で読むもの**だと捉えておきたい。

（2）辞書・辞典・事典

　辞書や辞典は、**言葉の意味や定義、用法を調べるための書籍**である。**事典は、辞典と混同されることもあるが、さまざまな事物、事象、概念等について解説した書籍**である。いずれも、それ自体を通読する必要はないが、学術的な文献・資料はもちろん、あらゆる文章を読む上で役立つので、必要な時にはすぐに使えるように準備しておきたい。国語辞典や百科事典のように多くの項目が網羅的に掲載されているものと法律用語辞典や医学事典といったように専門分野に特化したものとがある。学術的な文献・資料には専門用語が多く使われている。また、日常よく耳にする言葉であっても、分野によっては別の意味で使われている場合がある。したがって、**自分がどの分野の文献・資料を読んでいるのかを把握し、わかりにくい言葉や事柄に出合ったら適切な辞書・辞典ないしは事典で調べる**ことが重要である。

（3）解説書・マニュアル・参考書

　専門的な学習や研究のためには、以下に説明する専門書や学術論文を渉猟することが理想的であるが、膨大な時間がかかり現実的ではない場合

がある。学生にとって、学習や研究を進めていくのに、どの文献から読むかの判断は難しく、いざ専門書や論文を読み始めても理解が覚束ないことも多い。そのような場合、解説書や参考書といった位置づけの書籍が役に立つ。

　解説書や参考書は、特に定義があるわけではないが、**専門的な内容が噛み砕いて丁寧に説明されていたり、要点がまとめられたりしている書籍**であると思えばよい。大学受験のための勉強で使った参考書を思い出してほしい。教科書の理解を助けるためにさまざまな工夫をこらして書かれていた筈である。教科書では扱われていない発展的な内容が載っている参考書もあったであろう。大学での学習における解説書や参考書も同じである。想定されている読者は、それぞれの学問分野や研究領域における専門的な知識、理論、技能等について勉強したい者である。必ずしも学生や初学者用ではないので読むのがやや困難な場合があるかもしれないが、**学術論文や専門書と比較すれば、その分野の概要、重要なポイント、あるいは議論されているテーマ等を効率良く知ることができる**。解説書や参考書には、これらが書かれるにあたって引用・参照された文献のリストが必ず付いている。先に解説書や参考書を読んでその分野の概要をつかみ、必要に応じてリストにある専門書や学術論文を読むとよい。

　また、医療系の学部では、座学だけではなく実験や実習の機会も多い。学生は、さまざまな実験手技や器具・装置の操作方法等を身につけなければならず、実験や実習の後にはデータを分析したり記録を残したりといった作業も必要になる。このような広い意味での技能について説明してくれるマニュアル的な位置づけの書籍がある。例えば、生物学実験のプロトコルや看護技術を解説したマニュアルがこれにあたる。統計的なデータ解析法についてコンピュータソフトの使用法と併せて解説した書籍などもある。最近では写真やイラストが多く掲載してあるイラストレイテッドといった書籍も多く出版されており、テキストを読むだけでは理解しにくい事柄についても学習し易くなっている。

（4）専門書

　専門書とは、それぞれの学問分野や研究領域の専門的な内容について書かれた書籍である。著者はその分野の専門家であることが多く、専門家やこれに準じる人が読者として想定されている。学生は、**専攻する分野の学習を深めたり研究を進めたりする際に読む**ことになる。専門書にも、引用・参考文献のリストが必ず付いており、更に詳しく学習する必要がある場合はそれらの文献をあたるとよい。専門書は、基本的な用語や知見、理論についての説明が省かれていることが多く、読むためにはある程度の予備知識が必要である。

（5）学術雑誌・学術論文

　科学研究における成果の多くは、学術論文としてまとめられ、学術雑誌に掲載される。学術論文には、実験や調査によるデータをふまえて書かれた実証的な論文もあるし、著者が経験した事実や自分自身の考えを中心に述べている論文もある。医学・薬学を含む自然科学系の学問では前者が、一方、哲学や歴史学といった人文科学系の学問では後者が多い。**学術論文は、研究成果やさまざまな知見が世の中へ最初に出ていく窓口**である。したがって、**新しい知見をいち早く知るためには出版後間もない学術論文を読む必要がある**。学術的な文献・資料の内容のほとんどは、元をたどれば学術論文に発表された内容である。

　学術論文を形態によって分類すると表6-2のようになる。体系化された情報を得るには総説が、個々の研究成果を詳しく知るには原著論文が適している。専門書や他の論文で度々引用される論文については、それだけ重要度が高いということであるから優先的に読むとよい。ただ、専門書と同じく、あまりに基本的な事柄の説明はされていないため、ある程度の予備知識をつけてから読む必要がある。

　ところで、学術論文は、内容の科学的価値や主張の信頼性・妥当性につ

表6-2. 学術論文の種類

種　　類	内　　容
（1）総　説 　　　（review）	特定の研究分野における先行研究を整理して体系的に紹介し、研究動向や将来の展望について述べた論文。
（2）原　著 　　　（original article, full paper, etc.）	独創性のある新しい研究の成果がまとめられた論文。大抵は、研究の背景と目的、方法、結果、考察という構成になっている。
（3）速報・短報・レター・資料 等 　　　（rapid communication, short report, letter, note, etc.）	原著論文と同じく新しい研究成果を報告するやや短い論文。速報する価値がある成果等が扱われている場合が多い。
（4）学会抄録・会議録 　　　（proceeding）	学会の発表要旨。発表の内容が短くまとめられており、学会の抄録集や学術雑誌に掲載されている。
（5）事例研究・症例報告 等 　　　（case report, etc.）	特定の対象の観察記録、事例、症例について報告した論文。

いて学術雑誌の編集者や専門家によって審査（査読）を受け、パスしたものだけが出版される。ただし、この審査は万全ではあり得ない。後の研究によって先行研究の誤りが指摘されることもあるし、別の論文で対立する解釈や主張が出てきて論争が起きる場合もある。つまり、新しい学術論文の知見は、必ずしも評価が定まっていない。したがって、学術論文を読む際は、他の文献・資料を読むとき以上に慎重な姿勢が必要である。

（6）その他の文献・資料

　特に学術的な文献・資料という位置づけではないかもしれないが、**新書、実用書、ビジネス書と呼ばれる書籍の中にも、学生の勉強に役立つものが多くある。**これらのカテゴリーの書籍は、専門知識を持たない一般の読者でも、

さまざまな知識や情報が無理なく得られるようごく平易に書かれている。最近は、多くの出版社から多様なレーベル（シリーズ）の新書が続々と出版されており、中には専門家によって執筆され、内容の質の面でも専門書と遜色ないものが少なくない。もちろん、こうした一般読者向けの書籍からの情報だけで専門的な学習や研究は成り立たないが、より専門的な文献・資料を読むための予習としては十分役に立つ。**幅広い教養を身につけることにもつながるのでさまざまな分野の書籍を積極的に読むとよいだろう。**

3．学術的文章の読み方 ── 3つのステップ ──

　以上、大学で読む文献・資料にはどんな種類があり、それぞれをどんな目的で読めばよいのかを紹介してきた。ここからは、これらの学術的な文献・資料で使われている文章、すなわち学術的文章を読むとは具体的にどういうことか、うまく読むにはどのような工夫が有効かについて説明する。

（1）ステップ1：文章のテーマ（問題）を把握する

　学術的文章は難しいという印象があるかもしれないが、何が書かれているかを掴むのは、小説や随筆といった文学的文章よりむしろ簡単である。**大抵は、頻繁に出てくる言葉がキーワードであり、同じ意味内容が表現を変えて度々出てくるようならそれがテーマ（問題）である。**著者は、伝えたい情報や主張があってその文章を書いており、それらが誤解なく確実に読者へ伝わることを望んでいる。重要な言葉なら繰り返すだろうし、重要な主張なら強調している可能性が高い。そのため、繰り返されている言葉や内容をチェックすれば、自然とテーマ（問題）を把握することにつながる。そして、断定的に述べられていたり、「○○と考えられる」「△△と解釈される」といったように論証の帰結であるかのような結びがされていたりする箇所がその文章の結論であることが多い。

（2）ステップ2: 文章の構造を把握する

　学術的文章は構造が定型的である。典型的には、最初に問題が提起され、その問題に対する考察（根拠）が続き、最後に結論が述べられる。**問題、考察（根拠）、結論という3つの要素は、いずれも論証に不可欠であるので、**順序が入れ替わったりあまりに自明である場合は省略されたりするものの、原則として学術的文章には必ず含まれている。長い文章では、ある問題の結論によって次の問題が導かれ、その問題の結論によってまた新たな問題が提起されるといったパターンが多い。その文章のどの部分が問題でどの部分が結論であるかを読み取り、それらがいかに連携しているかを検討することが文章の構造を把握するということになる。**文章の構造が適切に把握されると、内容の理解が進み、論証の妥当性を吟味する際の手助けになる。**文章の構造は、図にしてみると直観的に把握し易くなる。

　文章の構造をうまく把握するためには、接続の表現に注意するのがコツである。例えば、「なぜなら」という言葉の後ろには主張の根拠や理由が述べられることが多いし、「したがって」という言葉の後ろには結論やまとめが述べられる場合が多い。こうした言葉は、その前後の記述の関係性を示してくれるので文中に出てきたら注意したい。代表的な接続の表現については表6-3にまとめた。

　また、1冊の本や1本の論文といった大きな単位で学術的文章を見た場合、これらは、大まかには章で、さらには節で小刻みに分けられ、階層的な構造になっている。つまり、わざわざ検討するまでもなく、大まかな構造は明らかなのである。加えて、章や節の見出しの文言によって、そこで何が述べられるかの見当をつけることができる。

（3）ステップ3: 文章の内容（著者の主張）を吟味する

　学術的文章を読み、どんなテーマ（問題）についてどのように（どんな構造で）書かれているかが把握できたら、最後は内容（著者の主張）の意義や

表6-3. 文章の読み取りにおいて注意すべき接続の表現

	接続語	接続語の前後の記述の関係
順　接	したがって、ゆえに（それゆえに）、だから、よって、〜ので 等	これらの語の前の記述を根拠・理由として、その結論が後に続く。
根拠・理由	なぜなら、というのは 等	これらの語の前の記述を結論として、その根拠や理由が後に続く。
換　言	すなわち、つまり、言い換えれば、要約すると、要するに 等	これらの語の前の記述の言い換えやまとめが後に続く。
添　加	そして、さらに、それから、しかも、また 等	これらの語の前の記述を受けて、新しい内容が後に付け加えられる。
逆　説	しかし、しかしながら、けれども、ところが、にもかかわらず 等	これらの語の前の記述を受けて、対立する内容の記述が後に続く
対比・選択	一方、それに対して、あるいは、または、もしくは、ないしは 等	これらの語の前後で対等な関係の選択肢が比較される。
例　示	例えば、いわば、具体的には 等	これらの語の前の記述を説明するための具体例が後に続く。
補　足	ただし、もっとも、なお、ちなみに 等	これらの語の前の記述に足りない情報や条件が付け加えられる。
転　換	ところで、さて、では（それでは）等	これらの語の前の記述と異なる話題に転換される。

妥当性を評価する。著者の主張を読み取ることとそれを評価することとは別である。**提起されている問題は適切か、考察に用いられている根拠は正しいか、結論へ至る論証の道筋は論理的か、といったことを吟味する**のである。著者の主張が正しいとは限らないし、自分の意見とは相容れないかもしれない。慎重に内容を吟味し、評価するように心掛けたい。

4．学術的文章を読む練習

　それでは、学術的文章を実際に読んでみよう。以下に例文を2つあげる。一度読んですべてを理解する必要はない。繰り返し読むことを前提に、最初はテーマ（問題）と構造を大まかに把握する程度を目標に気軽に読み、2回目以降に内容を吟味しながら精読すればよい。鉛筆を持って、繰り返される言葉や表現、接続語、結論と思しき箇所をチェックしながら読むのがおすすめである。それぞれの文章の後に読み取り方の例を紹介しているので参考にしてほしい。

例文1

　アフリカ・サハラ以南の国々には、なぜ多くの国民が貧困に苦しんでいる国が多いのでしょうか。あるいは、サハラ以南の国々をはじめとする最貧国は、なぜ先進国や新興国のように経済発展の波に乗れないのでしょうか。これに関して、国際的な農産物市場に関するコンサルタントであるトーマス・ラインズ氏は、欧米の植民地支配によって、その国の産業構造が変えられてしまったことを、ひとつの要因としてあげています。

　たとえばアフリカは、一九世紀後半に、何十もの植民地や保護領に分割され、ヨーロッパ諸国によって直接支配を受けるようになりました。そしてこの間に、アフリカは、植民地同士がひとつの勢力となることがないように、分離して管理され、少数の特産品だけを中心とした経済構造に変

えられてしまったのです。たとえばこれまで、コンゴやガーナは金やココアといったように、数少ない輸出品に特化した経済が組み立てられ、ほかの地域のように、健全な経済構造を発展させることができませんでした（『貧困の正体』）。

　こうした特定の農業製品や天然資源などに依存する経済構造は、今でも多くの後発発展途上国に残っています。そのため、農業製品や天然資源に対する需要が少なくなり、価格が下がったような場合には、国の経済が大きなダメージを受けることになるのです。

　さらに「自由貿易」の進展が、最貧国の経済に深刻な影響を与えている、という意見もあります。自由貿易が進むことで、特定の産品に頼る最貧国の経済が、安い輸入品との競争によって打撃を受けるというのです。

　たとえばジャーナリストのジェレミー・シーブルック氏によれば、中米ハイチの多くの農民にとって、長い間、コメがおもな収入源であったといいます。ところが先進各国が、世界貿易機関（WTO）などの場で、自由貿易を推し進めたことによって、ハイチは安いアメリカ産のコメを輸入せざるを得なくなり、多数の農民たちが生活に困ることになってしまいました（『世界の貧困』）。

　WTOの国際会議が、欧米の市民グループなどによって妨害を受ける様子が、ときどきニュースで報道されますが、これらの事件は、そうした自由貿易の弊害に対して怒りを感じた人々が起こしたケースが多いのです。

　安くて品質の高い商品を買えるようになるなど、自由貿易には利点もたくさんあります。その一方で、弊害もあることはたしかです。これまた解決がむずかしい問題だといえます。———（眞淳平 著．世界の国1位と最下位 国際情勢の基礎を知ろう．岩波書店，2010）

例文1の読み方例

この文章には、「経済構造」「最貧国」「貿易」といった言葉が度々出てく

るので、そのようなことがテーマ（問題）であることは簡単に予想がつく。そして、冒頭部分で読者に問いを投げかける形で問題提起がなされている。すなわち、以下の２つがこの文章における問題である。

　問題１：「アフリカ・サハラ以南の国々には、なぜ多くの国民が貧困に苦しんでいる国が多いのでしょうか」
　問題２：「サハラ以南の国々をはじめとする最貧国は、なぜ先進国や新興国のように経済発展の波に乗れないのでしょうか」

　ただ、これら２つの問題は、「あるいは」という対比の接続詞でつながれているので、本質的には同じ問題であると見なしてよいだろう。そして、これらの問題に対する結論が、同じ段落の中ですぐさまひとつ、中盤の段落で「さらに」という添加の接続語に続いてひとつ、計２つ述べられている。

　結論１：「欧米の植民地支配によって、その国の産業構造が変えられてしまったこと」
　結論２：「自由貿易が進むことで、特定の産品に頼る最貧国の経済が、安い輸入品との競争によって打撃を受ける」

　問題と結論以外の部分は、論証のための考察部分である。結論１は、著者がトーマス・ラインズ氏の意見を引用しているわけであるが、この結論が妥当である根拠として、第２・第３段落で、十九世紀後半のアフリカの歴史やコンゴやガーナの経済構造について説明されている。結論２の妥当性は、第５・第６段落で、自由貿易によって農民の生活が困窮したハイチの事例や、自由貿易を推進するWHOの国際会議が自由貿易の弊害に怒りを感じた人々によって妨害されることもあるという事実によって根拠づけされている。
　最後の段落では、以上の問題、考察、結論をふまえて著者の考えが述べら

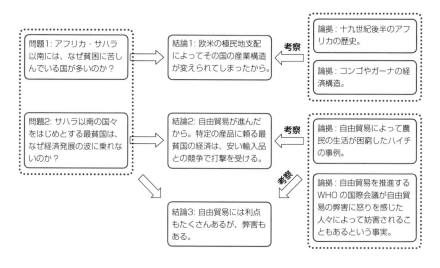

図6-1. 例文１の読み取り

れており、これがこの文章の最終的な結論である。短くまとめると下記のようになるだろう。

　結論３：「自由貿易には利点もたくさんあるが、弊害もある」

　以上が例文１の読み取りの概要であり、それぞれの要素の関係性をまとめると図6-1のようになる。

　何についてどのように述べられているかを把握したら、次は妥当性の吟味である。問題１に対して結論１を導くにあたり、十九世紀後半のアフリカの歴史やコンゴやガーナの経済構造を根拠に論証することに無理がないかどうか、問題２に対して結論２を導くにあたり、自由貿易の推進を根拠に論証することに無理がないかどうか等が吟味のポイントになる。

例文2

　美の問題について考えよう。だれかがほかの人よりも生まれつき美しいことは、科学研究など持ち出さなくてもわかる。美しさは血筋である。それは顔の形や体型、鼻の大きさなどで決まり、これらはどれも主に遺伝性だ。美は「生まれ」なのである。だが同時に「育ち」でもある。食事や運動、清潔さや事故なども身体的な魅力に影響を及ぼしうるし、散髪や化粧や整形手術もそうだ。たくさんのお金があり、贅沢ができ、手助けも得られれば、ハリウッドで証明されているように、けっこう醜い人でも魅力的になれる。一方、美しい人でも、貧困や不注意やストレスによって容貌が崩れてしまうこともある。美しさの要素のなかには、ときに痩身と肉付きのよさのように、かなり文化的な可塑性を示しているものもある。貧しい国では今もそうだが、西洋でも貧しかったころには、太っているのが美しく、痩せているのは醜いとされていた。しかし現代の西洋では、この関係は少なくとも部分的に逆転している。それ以外の美しさの要素は、もっと変化が少ない。違う文化の人間に女性の顔写真を見せて美しさを判定してもらうと、驚くほど一致する。アメリカ人は中国人が選ぶのと同じ中国人の顔を選び、中国人もアメリカ人が選ぶのと同じアメリカ人の顔を選ぶのである。

　とはいえ、美しさのどの要素が「生まれ」でどの要素が「育ち」なのかは、訊くのもばかげている。ブリトニー・スピアーズのどこが遺伝子による魅力で、どこが化粧による魅力かというのは、無意味な質問だ。彼女の「育ち」は「生まれ」と対立するのでなく、「生まれ」を強化しているからである。美容師のおかげで髪の魅力が増したにせよ、もとからかなり美しい髪だったのだろう。また、彼女が八〇歳になったときの髪は、二〇歳のときほど魅力がなくなるのもたぶん間違いない。なぜなら―（中略）―老化による美しさの衰えは、大人になればだれの身にも生じる、「生まれ」が「育ち」を通して起こすプロセスなのだ。―――（マット・リドレー 著，中

村桂子・斉藤隆央 訳,やわらかな遺伝子.紀伊國屋書店,2004)

例文2の読み方例

この文章は、『*Nature via Nurture*』という洋書の翻訳本の一部である。冒頭に「美の問題について考えよう」とあることから、この文章が「美」について述べていることは明らかである。より具体的には、「美」に関する下記の疑問がテーマ（問題）であると推測される。原書のタイトルから考えても妥当であろう。

問題1：「美」は「生まれ（遺伝）」と「育ち」によってどのように影響を
　　　　受けるか？

この問題については、第1段落ですぐに2つの結論が述べられる。

結論1：「美は「生まれ」なのである」
結論2：「だが同時に「育ち」でもある」

結論1は、「科学研究など持ち出さなくてもわかる」常識として説明されており、「顔の形や体形、鼻の大きさなどで決まり、これらはどれも主に遺伝性だ」という説明によっても根拠づけられている。結論2は、「食事や運動、清潔さや事故なども身体的な魅力に影響を及ぼしうる」こと、「散髪や化粧や整形手術」で美しさが増すことがあるという事実、さらに、「美しい人でも、貧困や不注意やストレスによって容貌が崩れてしまう」ことを根拠に論証されている。また、美しさの要素が「文化的可塑性」を示すものであることを認めつつ、「違う文化の人間に女性の顔写真を見せて美しさを判定してもらうと、驚くほど一致する」という事実によって、「美しさ」が普遍性を持つ属性であると主張している。

第2段落では、「美しさ」には「生まれ」と「育ち」の両方が関わっているという結論を受けて、さらに以下の結論が述べられている。

結論3：「美しさのどの要素が「生まれ」でどの要素が「育ち」なのかは、訊くのもばかげている」

ここには、明示的ではないものの、問題1の延長として以下の問いがあると見るべきであろう。

問題2：「美しさ」において「生まれ」と「育ち」は対立しているのか？

そもそも「生まれ」と「育ち」は対置概念であり、結論1と2は互いに矛盾を孕んでいる。両者の関係性についての言及はこの文章において重要であろうから、問題2を仮定することは妥当であろう。もちろん、問題2に対する答えは、結論3に「ばかげている」とあるように否定形である。
　結論3の主張は、ブリトニー・スピアーズを例に出して「彼女のどこが遺伝子による魅力で、どこが化粧による魅力かというのは、無意味な質問だ」と繰り返されている。そして「彼女の「育ち」は「生まれ」と対立するのでなく、「生まれ」を強化しているからである」と説明されている。この一節は、ブリトニー・スピアーズを例にした主張の根拠であると同時に結論3の根拠でもあり、さらに問題1と2への解答でもある。文章全体において重要な主張（結論）のひとつであると考えられる。

結論4：「「育ち」は「生まれ」と対立するのでなく、「生まれ」を強化している」

この結論4と同様の表現は、文末に、老化による美しさの衰えの説明とし

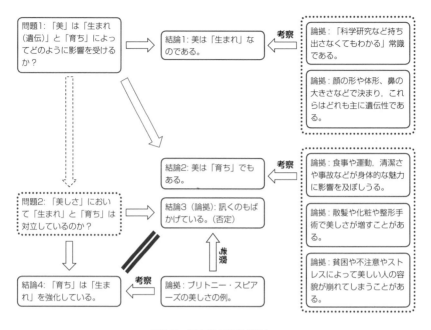

図6-2. 例文2の読み取り

て「だれの身にも生じる、「生まれ」が「育ち」を通して起こすプロセスなのだ」と繰り返されている。やはり、この部分が重要な主張だと見て間違いなさそうである。

　以上をふまえ、この文章の構造を図示すると図6-2のようになる。

5．要約（サマリー）を作る

　学術的文章を読んだら、要約（サマリー）を書いてみるとよい。要約の作成は、文章がきちんと理解できたかどうかの確認になるし、レポートを書く練習にもなる。また、自分の学習や研究において特に重要な文献・資料については、読んだ日付と一緒に要約を残しておくと勉強の記録となるし、卒業

論文の作成時等に参考・引用文献の管理が簡単にできるので重宝する。

　要約は、それを読めば元の文章の内容が理解できるのが理想的である。したがって、元の文章の論証の形式を保ちつつ、重要な情報を過不足なく盛り込む必要がある。テーマ（問題）と結論は必須であるが、考察（根拠）は必要不可欠な部分だけに留めて構わない。元の文章の長さによって必要な文字数は変わってくるであろうが、400字程度（1分以内に読める分量）を目安にすればよいだろう。

　練習のために、上記の例文1について400字程度の要約を作ってみよう。

例文1の要約の例

　アフリカのサハラ以南に貧しい国が多い原因のひとつは、欧米の植民地支配によって、その国の産業構造が変えられてしまったことである。19世紀、アフリカは、何十もの植民地や保護区に分割され、ヨーロッパ諸国に直接支配を受けるようになった。例えば、コンゴやガーナでは、金やココアといった数少ない輸出品に依存する経済が組み立てられ、健全な経済を発展させることができなくなった。こうした経済構造は、いまでも発展途上国に残っており、数少ない輸出品の価格が下がる場合には経済に大きなダメージを受けることになる。さらに、自由貿易の進展も、発展途上国の経済に大きな影響を与えているという意見がある。例えば、中米のハイチではかつてコメが主な収入源であったが、自由貿易を推し進めた結果、米国の安い米を輸入せざるを得なくなり、農民たちが生活に困ることになった。自由貿易には利点も多いが、弊害があることも確かである。

6．専門家になるために「読む」ということ

　医療職者は、医学・医療の専門家（プロフェッショナル）であり、専門的な知識を豊富に持っていることが期待されている。その卵である医療系大学

の学生もまたしかりである。かつては、専門家でなければ、あるいは大学に通わなければ、入手困難な情報が多く存在し、このことが専門家とそうでない人々の知識量の絶対的な差に結びついていた。しかしながら、こうした状況は既に過去のものとなりつつある。インターネットが整備され、操作が簡単な情報端末が普及したおかげで、誰でも膨大な情報へ簡単にアクセスすることができる。また、書店や図書館へ行けば、学術的なものを含め、およそあらゆる文献・資料を誰でも手にとることができる。つまり、高度に情報化された現代社会では、少なくとも入手可能な情報に関して、専門家と一般の人々との間にはほとんど差がない。

(1) 多く読む必要性

　もし患者が、自分の病気について一生懸命に調べ、専門家以上の知識を持って病院にやって来たとしたらどうだろうか？　あり得ないことではない。担当する医師や看護師その他の医療職者は、気まずい思いをするはずである。また、その患者は、自分より知識の乏しい医療職者を信頼するだろうか？　いささか疑問である。もちろん、こうしたケースはごく稀であろうし、知識量だけが医療職者の価値ではない。しかしながら、ごく限られた事柄についてではあっても、患者に医学・医療関連の知識で劣るようでは、専門家としてはやはり恥ずかしいのではないだろうか？

　専門家やこれを目指す学生が、専門性を高め、専門家でない人々と差異化していくためにまず必要なことは、多くの文献・資料を読むことである。既に述べたように、文献・資料には様々なカテゴリーのものがある。もし、誰でも簡単に入手できる教科書や参考書、一般向けの書籍しか読まないのであれば、身につく知識はそれ相応のものに留まってしまう。**専門家もこれを目指す学生も、できるだけ多くの文献・資料を、できるだけ高いレベルのものまで読むべきである。**

(2) 深く読む必要性

　ただ、専門家が豊富な知識を持っていることの価値は、以前と比べれば低下しているといえるだろう。誰でも多くの情報を簡単に入手できるようになったからこそ、知識の量は、かつて程専門家を権威づけてはくれない。最近、**専門家にとって重要性を増しているのは、知識の量よりはむしろ質である。**つまり、学術的に意義があったり、有益な応用が可能であったりする質の高い知識を一般の人々より多く持っていることが、専門家には従来以上に求められるようになっている。また、このことを背景に、膨大な情報の中から適切なものを選択し、吟味し、質の高い知識として蓄積していく能力、さらに、それらを有効に利用する能力、すなわち高度な情報リテラシーを備えていることが、専門家としての価値を高める要件になってきている。

　質の高い知識を得る最善の方法のひとつは、当然のことながら、専門性の高い文献・資料を読むことである。ただし、言葉を表面的になぞるような読み方では不十分で、**深く読む**ことが必要である。専門家を目指す学生は、手間はかかっても、前述した手順を参考に、文章のテーマ（問題）や構造を推理しつつ、内容を吟味しつつ、時には読み取った結果を図にしたり要約（サマリー）を書いたりしながら、**丁寧に読む**ことを心掛けてほしい。学術的な文献・資料を深く読み込むことによって、専門家にふさわしい質の高い知識が獲得されることはもちろん、文章を読むスキル自体が磨かれ、ひいては専門家に必要な情報リテラシーが向上するといった効果も期待される。

chapter 7.
文章を書く

1．日本語の文章

　私たちにとって「文章を書く」ということは、極めて日常的だ。これまでの生活を振り返ってみても、日記や感想文を書いたことは、誰でも一度は経験していることだろう。

　一方、これからは論理的な文章を書くことが求められる。それは、これまで書いてきたような感想文とは異なる。特に大学生にとって機会が多いのは、「レポートを書く」ことだろう。第2節で詳述するが、レポートを書く時には「読み手を意識する」ことに留意しなくてはならない。要は、読む人の立場を考えて文章を作ることが必要である。

　そこで重要となるのが、日本語を正しく用いることである。これまで以上に、日本語を正しく使うこと、いわば「日本語力」が求められる。ここではいくらかの項目に沿って、文章を書く時、特にレポートを作成する際に大切な事柄を述べる。普段、自分が書いている文章を各項目に照らし合わせてチェックすることで文章力を高めていこう。

(1) 文　体
　レポートをはじめとした大学で書く文章の多くは、「**常体**」で書く。常体とは、文末を「〜だ・〜である」とする文章のことで、この本も常体で書かれている。常体の反対は「**敬体**」で、文末を「〜です・〜ます」で記述する。

敬体のほうが丁寧だと考える人もいるだろうが、レポートでは客観的であることが求められるため、常体で書くのが基本である。

（2）口語と文語

　文章を書くときは、口語、つまり話し言葉ではなく、文語、書き言葉を用いよう。文章中に、話し言葉が含まれていると、途端に稚拙な印象を受ける。文章を書くときは、次のような表現を用いていないかチェックするとよいだろう。

　話し言葉の例
- なので、このように捉えることができる。
- あと、最近では減少傾向にあると考えられる。
- やっぱり、このように考えることができる。
- すごく、重要な課題だと思われる。

（3）一文の長さや内容

　ひとつの文で多くのことを書いてしまうと、**主語と述語の関係**がわからなくなることがある。一般的に、一文の文字数は50文字くらいがよいとされている。

　また、文字数は適切であっても、読み手によっては意味を取り違えてしまうことも起こりうる。例えば、「2人の子どもを連れた母親が来た」という文があったとしよう。ここでは、「＜2人の子ども＞を連れた母親（つまり子どもが2人）」と「＜2人の＞子どもを連れた母親（つまり母親が2人）」という2パターンの捉え方が想定される。

　文章を書く時には、読み手が主語と述語の関係を正しく理解できるような書き方となっているかを確認しよう。

（4）句読点と改行

　読み手が文の意味を理解しやすいように、適切に句読点を使おう。また、一定の長さの文章を書く時は、適宜段落を改め、**改行**しなければならない。段落の無い文章は非常に読みづらく、内容も理解しづらい。適度な長さで文章の流れや内容を考慮して段落を設定し、改行する。改行後は1字下げることも忘れないようにしよう。

2．レポートとは

　第1節では、「日本語の文章」について確認してきた。いわば、国語で習ってきたことと重なるだろう。いよいよここからは、レポートとは何か、レポートでは何をどう書けばよいのかを学ぶ。

（1）大学生が書くレポート

　大学の授業では、受講生の理解度を確認するためにレポートが課される場合がある。また試験の代わりにレポートを提出することもあるだろう。他にも、ゼミナールで求められることもあるだろうし、卒業年次になれば卒業論文をまとめることになる。適切にレポートを書くことは、大学生に求められる最も基本的なスキルといえる。

　レポートには、いくらかの種類がある。大きく分けると、テーマや課題があらかじめ与えられているものと、自らそれを設定するものとの2つである。医療系の学生の場合は、与えられたテーマ・課題について記述することが多いかもしれないが、ここでは、**自ら課題を設定する**ことを前提に述べていく。

（2）レポート作成のためのステップ

　どのような形で求められるレポートであっても、レポート作成には共通する一定のルールがある。ここでは、レポート提出までのステップとして、5

つをあげる。

- テーマに関する問題を設定する
- 問題にこたえるための材料（文献や調査データ等）を集める
- 集めた材料を整理して結論を考える
- 文章の流れを検討しアウトラインを作成する
- 指定された形式で期日までに提出する

　これを見ると、これまで書いてきた文章とはずいぶん違う印象を受けるのではないだろうか。レポートとは何かを理解するために、まずは「日記・感想文との違い」を考えてみよう。

（3）日記・感想文との違い
　レポートとは、何らかの問題を設定し、文献や調査データを用いて内容を整理し、自分なりの結論を導き、アウトラインや道筋を示した文章である。一般的に日記や感想文は、自分が感じたことや経験したことを書く。夏休みの日記なら、出かけたところや見たことなどを題材に、自分の思ったことを作文しただろう。読書感想文であれば、自分が読んだ本に対する感想を書いたのではないだろうか。ここでは、必ずしも根拠や客観性を要求されず、自分の主観で文を書けばよかった。

（4）レポートに必要な要素
　一方、レポートとはどのようなものだろうか。レポートには最低限、3つの要素が必要だ。

- レポート書くにあたっての「問題設定」
- 設定した問題に対するあなたの「結論」

- 結論の正しさを裏付ける「根拠」

　1つ目は、レポートを書くうえでの「**問題設定**」である。問題を設定するとは、即ち、「何が問題なのか」を示すことだ。このレポートではどういった問題に答えようとしているのか、それを明確にしておかなければならない。

　2つ目は、設定した問題に対する、自分が導き出した**結論**である。いわば自分の主張したいことで、問題に対する答えに該当する。

　3つ目は、出した答え、つまり結論の正しさを裏付けるための**根拠**である。根拠のない結論だと「あなたが勝手に言っているだけ」と言われかねない。「なぜその結論に至ったのか」が客観的に理解されるような材料を示さなければならない。根拠とは、いわば信頼性の高い証拠ともいえる。

　この3つの要素を流れに沿って示すと、図7-1のようになる。ここからもわかるように、3つはどれが欠けても十分なレポートとはいえない。

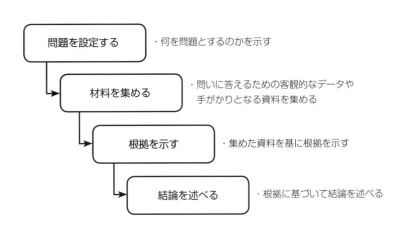

図7-1．レポートの3要素と文章の流れ

3．レポートを書く準備

（1）レポートのテーマ

　レポートを書くには、まず問題設定から始めるということは、繰り返し述べたとおりである。

　問題設定はあらかじめ提示されていることもあるし、そうではないこともある。前者の場合は、その内容に従って書き進めていけばよいが、後者だった場合、どうしたらよいだろうか。

　例えば、「チーム医療」というテーマが与えられたとしよう。この場合、どのように自分で問題を設定し、書いていけばよいのだろうか。

（2）テーマに関する調べ学習

　まずは、**テーマ**のことを十分に理解しなくてはならないだろう。テーマとして示された言葉の意味がわかっていなくては前に進めない。言葉の意味を調べるとして、真っ先に思い起こされるのは「辞書で調べる」ということではないだろうか。

　チーム医療を一般的な国語辞典で調べてみよう。例えば『広辞苑』であれば、「チーム医療」での記載はないが、「チーム」という語にチームワーク、チームプレーなどが書かれている。チームとは、「共同で物事、特にスポーツの試合をする一団」とある。チーム医療についてはわからないが、少なくともチームとは何かは確認できた。同じく、「医療」についても調べることができるだろう。しかし、国語辞典で調べられるのは言葉の「意味」までである。意味だけわかっていても、それ以上は発展しない。何が問題なのかを導き出すためには、国語辞典で調べるだけでは不十分だといえる。

　それでは、次にやるべきことは何か。もう少しチーム医療について詳しく調べる必要がありそうだ。

　テーマがある授業内で示されたのであれば、おそらくその授業ではテーマ

に関連した内容を取り扱っただろう。そうであれば、その授業で用いている教科書や参考書、そして、自分が取ったノートが役に立つ。あるいは、授業中に「なぜ、この先生はチーム医療のことばかり言うのだろう」と思ったなら、その「なぜ」が大きなヒントになるかもしれない。

教科書には、たくさんの情報が詰め込まれている。例えば、チーム医療の歴史やチームの構造、あるいは、チーム医療の現状と課題といったことが書いてあるかもしれない。それに関連した文献や資料も明示されている。それらをよく読んでいくと、問題として取り上げられそうなことが見えてくるはずだ。

「チーム医療」であれば、次のようなものが考えられる。

- なぜチーム医療と言われるようになったのか
- チームを構成するメンバーは誰だろうか
- チーム内での意見の相違や葛藤はないのか
- チーム医療は患者にとって本当に有効なことなのだろうか
- 患者はどこまでチーム医療に関われるのだろうか

ここまでたどり着いたら、あとは、レポートの構成に沿って書き進めればよい。ただし気をつけるべきは、ひとつのレポートに取り上げる問題はひとつに絞るということである。複数の問題を取り上げると、所定の文字数で収めることができないだろうし、レポートの論点がずれてしまう可能性が高い。

どのような問題を取り上げようとするのか、それを明確にするためには、テーマに関する十分な**調べ学習**が必要となる。

4．レポートの構成

ここからは、**レポートの構成**を考える。レポートに必要な３つの要素に沿

って、どのようにレポートを組み立てていけばよいのか確認しよう。

(1) 問題設定

　問題設定とは、何を問題とするのかを示すことであり、「問い」を立てることである。また、ここでいう問題とは、「数学の試験問題」という意味での「問題」や、「面倒な事柄やトラブル」ということではない。

　例えば、「チーム医療」というテーマであれば、いまチーム医療では何が問われているのか、あるいは、チーム医療のことで何かしら答えを導き出すべき事柄を検討し、問いを立てることである。そして、この問いはあなた自身の問題意識ともいえる。同じ「チーム医療」であっても、何に着眼点を持つかは人によって異なるだろう。

　しかし、急に問題設定と言われても、「何が問題なのかもわからない」、という事態が生じるかもしれない。「チーム医療」という言葉は何度も聞いていて、どうやら大事そうだということは認識していても、そこから考えが発展しないということが考えられるかもしれない。ではなぜ、発展しないのだろうか。端的に言えば、思考が深まっていないからだろう。思考が深まらないのはなぜかといえば、先に述べた調べ学習などが不足していることが考えられる。そのため、あれこれと調べることが大切なのだ。

　チーム医療についていろいろと調べを進めていくと、わからない言葉や疑問に思うことがたくさん出てくるはずだ。それらをメモに残したり、気になることを書き出したり、キーワードを拾う作業を繰り返すとよいだろう。もしかすると、今まで「チーム医療は大事」と思っていたが、反駁（はんばく）された意見に出合うかもしれない。これらの作業を通して、自分なりの疑問や気づきを獲得していこう。

　また、問題設定にあたってはいくらか注意すべきことがある。そのひとつに、「**問題設定はひとつに絞る**」ことがあげられる。レポートでは設定した問いに対し、十分な根拠に裏打ちされた結論を出さなくてはならないが、も

■情報の収集

「チーム医療」っていうテーマかぁ。そういえば、どの先生もチーム医療の話をするなぁ。でも、チーム医療っていうけど、何について取り上げたらいいんだろう……。

まずは、教科書を読んで、ノートを見直して……、そうだ図書館に行こう。

■疑問や気づき、発見

チームには、自分が知っている医療職以外にもたくさんの人たちが関わっているみたい。

でもそうすると、お互いに考えや主張がかみ合わないことがあるんじゃないの？

あれ、患者さんもチームの一員って書いてある！

■問いの発生

なぜ、患者がチーム医療の一員に含まれるのだろうか。

図7-2. 問題設定の流れ

し、複数の問題設定をしてしまったら、それだけの根拠を示す必要が出てきてしまう。十分な分量が確保されている場合であれば別だが、授業の課題などで大学生が書くレポートでは文字数が限定されている。示された範囲の中で仕上げるなら、問題設定はひとつとするほうがよい。一方で、所定の文字数には到達できそうもない問題設定であってもいけない。極めて限定的な事柄や小さな問題としてしまうと、書く内容も限られる。そのため、与えられた文字数を見ながら、適切な問題を設定しなければならない。

　これらの点に留意しながら問題設定ができれば、第一関門突破である。もちろん、あらかじめ問題設定がされている場合は、その内容に沿って、次のステップに進めばよい。

（2）結　論

　結論とは、先に設定した問題に対するあなた自身の主張であり、一定の答えにあたるものだ。ここで重要なことは、**客観的な根拠**に裏打ちされた結論を述べることである。ただし、いくら根拠があってもそれが主観的であってはならない。むろん、根拠がない結論は論外である。

　つまり、読み手に対し、「なるほど、これらの理由により××という結論が導かれているのか」と納得できるものを示さなくてはならない。

　例えば、チーム医療に関連して、次の2つの例を考えてみよう。

　例1）自分が入院していた時、これからの治療のことを医師や看護師が自分にはわからないように話していて、とても不安になった。他の患者も同じような気持ちにならないよう、チーム医療の一員に患者を含めるべきである。

　例2）自分が入院していた時、院内のパンフレットに「患者もチームの一員」と書かれていた。リスボン宣言には患者の自己決定の尊重が明

記されており、この宣言は世界中で尊重されていることから、患者もチームの一員として治療の選択に関わることがよいと考えられる。

2つの例に共通するのは、「入院した」という自分の体験である。しかし、例1がその時の自分の感情である主観的内容のみを根拠としているのに対し、例2では、「リスボン宣言」という、世界医師会が採択したものを材料として結論を導いている。同じような結論であっても、そこに導くための理由、根拠が、主観的か客観的かによって、説得力が異なる。

例1の場合であれば、この人がたまたま不安になるだけで、他の患者はそう思わないかもしれない。むしろ、医師と看護師がしっかり話をしてくれていることで安心したという患者がいる可能性もある。もちろん、例2も完璧な根拠とは言い切れないかもしれない。リスボン宣言の有効性や、自己決定の尊重とチーム医療の関連性が明示されていない点は弱いだろう。しかし、例1よりは客観性が高いと思われる材料で結論を述べている。

繰り返しになるが、結論を述べるときは、客観的な根拠を示すことが必要となる。

(3) 根 拠

最後に、根拠とはいったい何かを確認しておこう。一般的な国語辞典などで意味を調べてみると、「判断や行動の拠りどころとなるもの。物事が存在している理由となるもの」と書かれている。

そう考えると、レポートを書く上での根拠とは、「結論」の拠りどころであり、正しさの理由を示したものといえるだろう。そして、その根拠は読み手の納得が得られるものでなければならない。

根拠としても用いることができるものには、次の4つがある。

- 実験から得られたデータ

- 社会調査の結果
- 取り上げた問題に対する専門家の意見
- 論理的な帰結

　一見してわかりやすいものは、実験や調査から得られたデータ、数値であろう。数字は客観性が担保されやすく、証拠として示すにはよい材料だ。しかし気をつけなくてはならないのは、数字のみを根拠としてしまうことである。

　例えば、「チーム医療の一員に患者を含めることについて半数以上の人が賛成している」というデータを見つけたとしよう。一見、支持される根拠のように見えるが、「賛成しない」立場の人も一定数いるだろうし、どのような場合でも賛成されるものなのかといった細かい内容も精査しなくてはならない。どうやら、数値以外の根拠も考えておく必要がありそうだ。

　国が示している**信頼性の高い資料**には、専門家の意見が反映されていることが多い。いくらかの資料を用いることで、この問題に関する専門家の意見を抽出できるだろう。また、チーム医療に関する論文には、論理的な帰結を導くためのヒントが隠されているかもしれない。

　①〜④を複数組み合わせることで、読み手が納得できる有効な根拠を示そう。

5．レポート作成の実践

　ここからは、実際にレポートを書くという実践編である。これまでの内容を確認しながら、実際に書いてみよう。

（1）レポートの構成を確認する

　レポートは、「**序論**」「**本論**」「**結論**」の3部構成で組み立てる。まず、こ

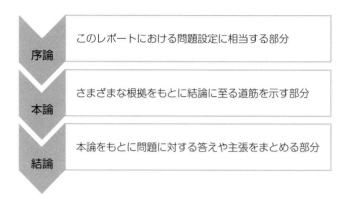

図7-3. レポートの3部構成

の3部構成をしっかり覚えておこう（図7-3）。

そしてこの3つは、レポートに必要な要素として示した、「問題設定」「結論」「根拠」に当てはまる。

この基本形に沿って自らの主張を書いていこう。

（2）アウトラインを作る

次に、おおよそのアウトラインを作っていこう。これは、いわゆる目次を想定するとよい。

チーム医療をテーマとしたレポートであれば、どのようなアウトラインが考えられるだろうか。図7-4に示しているのは、あくまでも例示であるが、「序論－本論－結論」の3部構成を意識したアウトラインを自分なりに考えてみよう。

（3）執筆する

アウトラインができたら、次は文章を書く、つまり執筆することになる。

序　論
- チーム医療の定義
　　チーム医療とはどのようなものか？
- チームの構成
　　チームを構成するメンバーは？
- このレポートで取り上げる問題
　　患者を含めたチーム医療とは？

本　論
- チーム医療の歴史的展開
- チーム医療の発展と社会構造の変化について
- チームを構成する専門職とその役割
- 各専門職の専門的判断や視点の違いについて
- 医療以外の専門職による参画について
- 医療チームと患者の関係
- 専門職と患者との関係や求められる役割について
- 患者や家族を含めたチームづくり
- 患者や家族をチームの一員とすることの意味や課題

結　論
- 患者と医療職が共に協働するチーム医療の重要性
　　患者がチームの一員となることのメリットとは
　　今後の課題となることとは

図7-4．レポートのアウトライン

いろいろ揃えたものをもとに、いざ文章にしてみると、案外時間がかかるかもしれない。指定された締め切りまでに、ある程度の余裕を持たせられるよう、**計画的**に執筆を進めていこう。

（4）推敲する

　書き上げることができたら、次は**推敲**しなければならない。これまでの学生生活を振り返ってみても、「何度も推敲するように」と言われた経験があるだろう。それくらい、推敲することは重要である。

　まずは、自分の書いた文章を何度も読み返そう。読み返すことで、単純な誤字脱字や適切な日本語の確認はもちろん、文の構成やレポート全体の流れを確認でき、修正すべき点に気づく。

　また、ぜひお勧めしたいのは、友人同士でのチェックである。レポートは他者に読まれるものである。そのため、自分以外の誰かに一度読んでもらうとよいだろう。一番身近な友人などに一読してもらい、わかりにくい点などを指摘してもらうとよい。

（5）情報の活用と留意点

　これまで述べてきた通り、レポートはさまざまな情報を用いて作成する。また、用いた情報に関することは、ルールに沿って適切に提示しなくてはならない。ここからは、情報の活用方法と活用した情報の提示方法など、レポートを書く上での留意点を述べる。

①引用と剽窃(ひょうせつ)

　レポートでは、客観的であることが求められる。それは、主観的ではないということであり、自分ひとりだけの思いや考えだけで成り立つレポートは存在しないということだ。言うならば、レポートとは、さまざまな人たちとの共同作業の中で作られていくものであり、他者の意見を取り入れながら

書き上げるということである。他の人の意見ばかり書いていると評価が下がるのではないかと思うかもしれないが、それはまったくの逆であり、むしろ、より客観的なレポートとなるよう丁寧に他者の意見を読み込んでいると評価されるだろう。

　ただし、ここで注意すべきは、自分の意見と他者の意見を**「はっきり区別する」**ことである。しかも、読み手が「これは他者の意見だ」ということがわかるよう明示しなければならない。

　他者の文章を引っ張ってくることを**引用**という。引用の仕方にはいろいろな方法があるが、最も基本的な方法は、引用した部分をカギ括弧でくくることである。また、手を加えずに引用する場合は、引用文を勝手に変えてはいけない。引用が長くなる場合は、括弧は使わず、本文の前後を 2 行ずつ開けて、更に引用文全体を 2 字下げて区別する。引用したい文が長すぎる場合など一部を要約して引用する場合は、どこからどこまでが引用部分なのかをわかるように書く。

　例えば、次の文章は「篠田道子編 . チームの連携力を高めるカンファレンスの進め方 . 日本看護協会出版会 , 2010, p3」からの引用である。

　　……篠田によれば、カンファレンスとは「対人関係の支援過程の中で、多職
　　種で構成されたチームによって開催される会議」（篠田　2010, 3）と定義さ
　　れており、その目的は……

　次に、絶対にやってはいけないことがある。そのひとつに、**剽窃**がある。剽窃とは、他者の書いたものを無断で借用することであり、学術上もっともしてはならない行為である。他者の意見、主張であるにも関わらず、それをあたかも自分の考えであるかのように見せかけることであり、極めて悪質な行為である。インターネット上にある情報や文章を、引用箇所を示さずにコピー＆ペーストしただけのレポートもこれにあたる。このようなレポートは

もはやレポートではない。

② 文献情報の記載

レポートでは、必ず何らかの文献を参照している。そのため、レポートの最後には、これらをまとめて記載しておかなくてはならない。

記載方法は学問分野ごとに標準的な形式があり、分野によって細かな決まりがある。各分野の学術雑誌には、**文献情報**の記載について細かい指示の記載がされている場合があるので、それらを参考にするとよいだろう。

ここでは、ごく一般的な記載方法を明示する。分野ごとのルールなどは、担当教員に確認するとよい。

独立行政法人科学技術振興機構（JST）が発行する『参考文献の役割と書き方』では、次のように記載されている。

- 雑誌中の論文の場合

  著者名．論文名．誌名．出版年，巻数，号数，はじめのページ - おわりのページ．

  〈例〉 馬場明道．ネズミの研究でヒトの精神に迫れるのか．生産と技術．2006, 58巻, 3号, p.6-8.

- 単行本の場合

  著者名．書名．版表示，出版者，出版年，総ページ数．

  〈例〉 戸山田和久．新版 論文の教室 レポートから卒論まで，NHK出版, 2012年, 313p.　　※版表示は2版以降の場合に記述する

- ウェブサイト中の記事

  著者名．"ウェブページの題名"．ウェブサイトの名称．更新日付．入手先，（入手日付）

〈例〉厚生労働省."人生の最終段階における医療・ケアの決定プロセスに関するガイドライン"厚生労働省. http://www.mhlw.go.jp/file/06-Seisakujouhou-10800000-Iseikyoku/0000197721.pdf（参照2018年5月29日）

　以上の点に留意しながらレポートを作成しよう。なお、レポート作成の前には、「書式」などの詳細について確認しておくことが必要である。例えば授業で提示されたレポートであれば、教員の指示事項を見落としてはならない。手書きなのかパソコンで作成するものなのか、後者の場合であれば、形式や文字フォントなど細かな指示があるかもしれない。それらについてよく確認してから書き始めよう。

６．自然科学系のレポートの書き方

　自然科学系の実験や実習を行った際には、事後にレポート（実験報告書）を提出する。自由な形式で書くことはほとんどなく、定められた形式に従うことが一般的である。しかし、分野によって構成や項目の順序が異なることがあるので、事前に指示された構成に従って作成しなければならない。ここでは自然科学系のレポートを書くための準備と、各項目の記述方法についての基本を解説する。

（１）書く前に
①準備するもの
　ステープル（ホッチキス）、ペン、レポート用紙（指定された規格）、定規、のり、修正テープなどを準備する。

② 実験ノート

　実験日、天候、気温、湿度、共同実験者名を記載する。実験中は、実験書や配布される資料類を参考に操作を行うことができるが、ノートにある程度記し、準備しておきたい。器具や薬品以外はなるべく実験台に置かず、実験スペースを広く確保することにより、安全に実験を行うことができるからである。また、操作法を一旦記録して予習しておくことで、何のための操作を行っているのかを理解しながら、よりスムーズに実験を行うことができる。

　さらに、実験ノートの上である程度推敲しておくと、実験内容の理解を促すだけでなく、レポートの構成、作成についてもスムーズに進めることが期待される。

③ 作成について

　手書きの指示があった場合は、ボールペン、またはペンで書く。鉛筆で書けば、間違いの度に修正できるメリットがある一方、第三者によって書き換え可能な状態となる。レポートだけでなく、論文等で世の中にデータを発表する際に、書き換え容易な状態であると信頼性が損なわれるうえ、正式な文書として受け取ってもらうこともできない。学生が行う実験についてのレポートについても、正式な文書の作成法の練習と思って取り組むべきである。

　社会に出ると、最近は手書きよりも、Microsof Word 等のワードプロセッサ（ワープロ）を用いて報告書を作成することが多くなってきている。大学の実習においてもこれらの利用が許可されている場合もあるが、書き始める前に必ず可否について確認しておきたい。ワープロを用いる場合、他人のレポートや、web サイトのコピー＆ペーストを行ってはならない。近年は、参考資料が身近に、電子ファイルとして入手可能なことが多い。しかし、本当に自分が報告すべき内容と合致しているのか、信頼できる情報なのかを吟味しながら、自身の言葉に置き換える作業をしてこそ、レポートとよぶにふさわしいものが出来上がる。

（2）レポートの構成

① 表紙と書き出しについて

　書籍や雑誌と同様、いきなり本文を書き始めず、最初に表紙をつけるのが一般的である。表紙はあらかじめ配布される場合もあるが、そうでない場合は、自身で作成することになり、下記の情報を含める。

- タイトル
- 学籍番号、氏名
- 共同実験者
- 実施日
- 提出日

　表紙の次のページから本文が始まり、ページ番号も記しておく。数字のみの通し番号でも十分であるが、例えば、総ページ数が10ページであれば、○／10のように記しておくことで、提出直前に不足がないかチェックすることができる。また、本文の項目は、**緒言**、**方法**、**結果**、**考察**という順序となる。このような一般的な順序に従って、各項目に何を、どう記載するのかを以下に解説する。

② 緒　言

　レポート本文は緒言（イントロダクション）から始める。緒言では、実験の目的と背景を含め、必要に応じて目標を書き加えることもある。

〈例〉

1　緒言

　　　生体高分子の分離には濾過、遠心分離などの方法を用いることができる。DNAやタンパク質の場合は、これらが電気的性質を持つこと

7. 文章を書く

から、ゲル中の移動度により分離する電気泳動法が用いられることがある。本実験では、前回の実習で抽出したタンパク質混合溶液について、SDS-ポリアクリルアミドゲル電気泳動（SDS-PAGE）により分離する。電気泳動の原理とともに、ゲルの作成方法、泳動後の染色処理法などについても習得する。

③ 実　験

実験に用いた材料と手順について、項目を区分して記載する。実験材料については、メーカーやグレードをあわせて記載することもある。記載内容が多くなる場合は、試薬類と装置、器具類を分けて書く。

〈例〉（使用項目が少なく、試薬と器具を一緒に書いた場合）
 2.1　実験材料
　　　エタノール（試薬特級、和光純薬）、10%酢酸水溶液、ピペット（200μリットル、ニチリョー）、パラフィルム、……

〈例〉（試薬と器具・装置を別々に書いた場合）
 2.1　実験材料
　　　試薬：エタノール（試薬特級、和光純薬）、10%酢酸水溶液、蒸留水
　　　器具・装置：メスフラスコ（100 mL）、震とう器（M-5000、タイテック社）

実験方法は**過去形**で書く。参考にする実験書などの書籍において、**実験手順（プロトコル）**は現在形で記されていることがほとんどである。しかし、これらをそのまま写すのではなく、実際に行った操作を思い起こし、変更点などがなかったかを確認しながら、すべて過去形にして記す。

107

〈例〉
2.2 実験方法
(1) 水酸化銅 (II) 粉末にアンモニア水を加えてかき混ぜた。
(2) (1) で調製した溶液に脱脂綿を加え、溶液全体が粘性を帯びるまで溶かした。

④ 結　果

結果の項目では、実験で得られたデータを提示する。データは表や図として提示するが、その内容について文章でのコメントも加える。

〈例〉
- 各温度における酵素X、Y、Zの活性を表7-1に示す。
- 酵素活性の時間変化を図7-5に示す。

時々、日本語の書籍の中で、本文中に挿入されているグラフなどの上部、または下部に「図表」と記しているものを見かける。**図 (Figure)** と**表 (Table)** は異なるものであるで、通常、レポートの中では明確に区別して扱われる。装置イラスト、写真、グラフなどは図として扱い、数値、文字列などを項目ごとに配列したものが表である。

表について

複数の表がある場合は、掲載順に表１、表２と番号を振ってから、タイトルを記す。これらは表の上部に配置する。許可されている場合を除き、実験装置に備わっているプリンタから出力されたシートなどを糊付けやステープル留めするのではなく、必要なデータ部分を抽出して表にまとめる。また、ひとつの表はなるべく１ページに収めることができるように、データ、レイアウトを工夫してまとめる。

〈例〉

表7-1. 各温度における酵素活性の比較（%）

温度(℃)	X	Y	Z
0	18	40	7.5
10	25	50	32
20	40	67	50
30	100	82	70
40	55	100	88
50	0	92	100
60	0	40	0
70	0	18	0

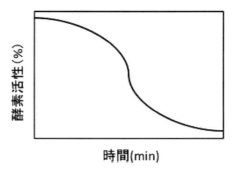

図7-5. 酵素活性の時間変化

図について

　表と同様、掲載順に番号をつけ、タイトルを記す。ただし、これらは表の場合とは異なり、下部に配置する。図は結果の節だけでなく、緒言において原理を説明する場合や、用いる装置、器具についてイラストがあったほうが効果的な場合に用いることができる。

　⑤ 考　察

　考察では、一連の実験を振り返り、自らが得た結果について議論を行う項目である。よって、「結果と考察」というひとつの項目にまとめて記述することもある。また、結果と同様、実際にデータが得られるまでは書くことができない項目でもある。しばしば、初心者のレポートには、「楽しかった」「驚いた」「難しかった」など「感想」と勘違いしたような記述が見られるので、初心者は注意すべきである（感想の記載が許可されているときは、一番最後に項目を作り、簡潔に記しておきたい）。考察において、実験結果を用いて、何を議論するのかは以下の通りである。

- 予測されていた結果（仮説）との整合性について
- 実験結果の誤差、信頼性について
- よりよい結果を導くための改善策について

　⑥ 参考文献、引用文献

　一般的なレポートと同様、参考にした論文や教科書などがあれば、それらを引用文献にあげるべきである。論文の場合は学術雑誌名を斜体（イタリック）表記にし、巻、号は太文字にすることがある。ただし、形式は分野によって異なるので、執筆前に担当教員に確認しておきたい。

〈例〉山中伸弥 . ▲□○研究の最前線 . 本屋良洞出版 , 2018, pp.150-177.

Tonegawa S, et al.（2018） *Nature*, **558**, 22-33.

⑦**謝　辞**

カリキュラム内で行われる普段の実験や実習に関するレポートで、謝辞を述べることはあまりない。卒業論文など、ある程度の分量になると、お世話になった方（指導教員、研究室の先輩、共同研究者など）へ、謝辞を記すことがある。実習のレポートでも、お世話になった指導者への謝辞を簡潔に記してもよい。

（3）最後に

　自然科学系のレポートは事細かに決まっているところが多く、型にはめられ、堅苦しく感じたかもしれない。データを共有している同じグループのレポートは、概ね似たような内容になることが予想される。しかし、他人のレポートを丸写ししない限り、**独自性**のあるレポートが作成されるはずである。特に、考察は最もオリジナリティーが現れるところである。結果までは、同じグループのデータを用いるのであれば、誰が書いても同じであると考えるかもしれない。しかし、読みやすいレポートを書こうとすれば、同じデータであったとしても書き方（図や表のレイアウト、本文の文字の配置や丁寧さ）を工夫することになり、見栄えも大分異なるはずである。書き手であると同時に、自分が読み手の気持ちになってレポートの作成を心掛ければ、相手に伝わりやすいレポートの作成ができるようになる。

■ **参考文献**

世界思想社編集部 編. 大学生の学びハンドブック. 第4版, 世界思想社, 2018, 127p.
専修大学出版企画委員会 編. 新 知のツールボックス 新入生のための学び方サポートブック. 専修大学出版会, 2018, 253p.
松葉祥一. ナースのための実践論文講座. 人文書院, 2008, 73p.
独立行政法人科学技術振興機構. "参考文献の役割と書き方 科学技術情報流通技術基準（SIST）の活用". https://jipsti.jst.go.jp/sist/pdf/SIST_booklet2011.pdf（参照2018年5月29日）
Lobban CS, Schefter M. 畠山雄二, 大森充香訳. 実験レポート作成法. 丸善出版, 2011
西出利一. 理系のための文章術入門. 化学同人, 2015

chapter 8．
統計リテラシー

1．統計学ブーム

　近年、統計学がブームとなっている。どの書店に行っても、「統計学」や「データサイエンス」「ビッグデータ」などのワードを含む、社会人や学生を対象とした書籍を多数見かける。2012年度の高等学校入学生から「統計学」を数学の一単元として学習することが必修となったことを例にしても、ブームの熱さが伺われる。また、マッキンゼー社の発行する論文誌で、Google社のチーフエコノミストである著名な経済学者 Hal Varian 博士が、今後10年間で最もセクシーな仕事は統計学者であると予言した。

"I keep saying that the sexy job in the next 10 years will be statisticians"

　ここで言う sexy とは、「人目を引く、イケテル」という意味の口語英語である。この言葉は2009年のもので、メディアなどで引用されることの多い有名な言葉だが、この予言の通り、統計・データ解析を専門に行う研究室や部門が、多くの大学や企業で設立され、大きな成果を収めている。
　統計学ブームはなぜ起きたのか。統計学の歴史は古く、その有用性を人類史上で初めて示した例として、19世紀のロンドンで行われたジョン・スノウ医師のコレラに対する疫学研究が知られている。疫学とは、ある疫病の発生率の地域差などを調べ、疫病の防止につなげる学問のことである。ジ

ョン・スノウ医師の功績は、コレラの発症メカニズムを解明したわけではないが（解明したのはドイツのロベルト・コッホ医師）、コレラの感染源となっていた水源を統計学により発見し、何万人もの命を救ったといわれている。この例のように、統計学の有用性は認知されていたわけだが、スノウ医師以降の統計学は、問題解決のための統計理論はあったとしても、その理論を実践するための計算が煩雑なため、限定された簡単な場合でしか解析を行えないということが多くあった。ところが近年になって、高性能なコンピュータが安価で容易に入手できるようになったことで、大規模データの収集・蓄積と計算が実行可能になり、誰でも簡単に統計解析ができる時代が到来した。このように、有用性に実用性が伴うようになったことがブームの要因だといわれている。その他、産業構造が、重厚長大なものからソフト化し、効率性が求められるようになったことも要因のひとつだともいわれている。

　こうしたブームは、これから大学で医療を学ぶ学生諸君にとっても無縁ではない。EBM（Evidence-Based Medicine）という、医療職者の勘や経験を頼りにしてきたこれまでの医療に代わって、科学的・客観的なデータに基づいて医療上の重要な判断を行うという大きな流れに触れることになる。また、卒業研究（以下、卒研）などで社会調査などを行うにしても、調査対象者からアンケートを取ってきて統計解析を行い、何らかの知見を引き出し、成果を発表するという過程は、調査結果の説得力を増す上で不可避となる。そして、こうした目的のもとでデータ解析を行うにしても、統計学の正しい知識のもとでデータの収集・解析を行わないと、間違った解析結果を導いてしまい、最終的には研究や医療行為そのものを過ちに導いてしまうリスクを抱えている。統計学の専門的な学習は大学の講義に任せるとして、この chapter では、大学で統計やデータを使う場面、データの取り扱い方、解析結果のプレゼンテーションの仕方にまつわるいくつかの注意点を紹介していく。

2．統計やデータを大学での学びで使う場面

　大学での学びの場面で、統計学やデータはどのように活用されるのか。最も身近な活用例として、将来みなさんが提出することを要求されている卒業研究論文作成の場がある。もし何らかの調査研究を行う場合、調査対象者からアンケートを取り、対象者の傾向や特徴を知る必要が出てくることがある。アンケートを取ったとしても、質問文や順番、選択肢数、質問形式、時間帯などの設計が拙ければ、本当に知りたいことを知ることができなくなる上に、時間的・金銭的コストを無駄にすることになるため、アンケート実施前には入念な準備が必要である。決して適当に行われているわけではないことに留意してほしい。

　卒研で何らかの実験を行う場合でも、統計は活用される。この場合は、実験データを客観的に評価することが目的である。客観的評価とは、得られた実験結果が単なる偶然の結果に過ぎないものなのか、それとも実験実施以前に立てた仮説の下で必然的に生じた結果なのかを、科学的な手続きを通して判定することである。

　この手続きについて、次の単純な例を見てみよう（表8-1）。この例は、A組38人とB組40人の学生に、共通の英語の試験を行ったときの両クラスのテスト点数の平均点を示したものである。A組平均点が78.2点、B組平

表8-1. テストの平均点

	平均点 （100点満点）	学生数
A組の英語の平均点	78.2 点	38 人
B組の英語の平均点	79 点	40 人

均点が79点であった場合、どちらのクラスの英語力が優れているといえるだろうか。B組の平均点のほうが、79-78.2=0.8点高いので、B組の英語力のほうが高いと言う人がいるかもしれないが、与えられた情報のみでは、単純に判定はできない。なぜなら、この0.8点という僅かな得点差が単なる偶然の産物であり、誤差の範疇に含まれるものに過ぎないという主張を、完全に否定できないからである。偶然の結果なのか、それとも必然の結果なのかということを判定するためには、A組B組それぞれ、得られたデータのばらつき度合いの程度についての情報を得る必要がある。こうしたデータのばらつき度合いに関する指標を**標準偏差**という。A組B組ともにデータの散らばり度が極端に小さい場合、B組の英語力のほうが高いと判断しても間違っていない可能性が高い、と結論づけられることが理解できると思う。こうした手続きは**統計学的仮説検定**と呼ばれ、頻繁に用いられる。

3．データの収集方法に関する注意点

（1）サンプルサイズの重要性

　サンプルサイズの大きさは重要である。例えば、選挙投票所の出口調査なるものが行われ、その速報をマスコミが報道するなどということは、大きな選挙が行われるたびに目にする。選挙結果の予想精度を高めるにはまず、サンプルサイズは小さいよりも大きいほうがよさそうなことは、想像がつくはずである。ここでいうサンプルサイズとは、投票所の出口調査の対象となった人の総数のことである。しかし、サンプルサイズの大きさだけで予想精度の良し悪しが決まるわけではない。次に紹介するような、データの収集方法や、**偏り**も重要な要素である。

（2）データの収集方法の重要性

　某名門国立ＸＹ大学の近所に、下宿学生向けアパートを斡旋している不動

産屋があったとする。この不動産屋の外壁には次のような広告キャッチフレーズが書かれている。

「本不動産屋で下宿アパートを契約した人の70％がＸＹ大学に合格しています」

70％の高確率で名門ＸＹ大学に合格できるのならば、誰でもこの不動産屋でアパート契約するはずであるが、常識的に考えて、そのようなことは起きそうにないことはわかる。しかし、実際に調べてみると不動産屋の言っていることは嘘ではなかった。これは次のような背景による。二次試験終了直後に下宿先のアパートを契約するような受験生は、試験の出来に手応えがあった人が多いはずで、もともと合格可能性の高い人の中で、この不動産屋でアパート契約した人の70％がＸＹ大学に合格したということである。試験の出来に手応えがなかった人も含めた合格率を計算すれば（この人たちはアパートを契約していないはずなので、現実的に合格率は計算不可能であるが）、こういう結果にはなっていないはずである。

この例からいえることは、主張の根拠となるデータをどのような方法で収集してきたかということである。主張の客観性を確保するには、データを収集してくる元の集団（母集団という）から、いかに偏りなく（ランダムに）データを収集するかということが重要になる。同時に、データを読む人は、そのデータがどのようにして収集されたものなのか、常に意識する必要がある。――――不動産屋の例は、2013年放送のクローズアップ現代の放送内容を参考にしている。

4．データのプレゼンテーション ── よくある過ち ──

グラフを用いて統計解析結果やデータを表示することは、見る人の視覚を通して印象を与えることができるため、プレゼンテーションの手段として効果的である。しかし同時に、使用を誤ると、見る人に誤った印象を与えてし

まうという欠点も併せ持つ。場合によっては、プレゼンターが統計データを悪用して印象操作を行っているのではないか、と考える人もいるかもしれないので注意が必要である。以下にいくつかの注意点を示す。

(1) 棒グラフ

いま、ある仮想的な国があったとして、この国の軍事費（貨幣単位G）を2002年から2018年まで集計し棒グラフにしたものが、図8-1と図8-2である。どちらのグラフも同一のデータに対して棒グラフを書いたものであるが、見る人に与える印象はまったく異なる。2つのグラフの間で異なる点は、図8-1では与えられたデータの9999Gから上のみを表示しているのに対して、図8-2ではデータを0Gからすべて表示している点である。図8-1では、2002年から2018年までの16年間に、この国の軍事費は大きく増加した印象を受けるが、図8-2では同じ期間にまったく変化していない印象を受ける。データを見る人が注意しなければならないのは、データがどこから表示されているかということである。悪意を持ったプレゼンターならば、図8-1をもってして、「ある国の軍事費はこの16年間で大幅に増大している」と主張するかもしれない。

(2) 円グラフ

3-D円グラフ（三次元-円グラフ）とは、円グラフを三次元表示（立体表示）したものを斜めに見せることにより、グラフに見かけ上の躍動感を与えようとするものである。対して2-D円グラフとは、円グラフを二次元表示（平面表示）したものであるが、二次元表示なので円グラフを見かけ上でも傾けたりすることはできない。3-D円グラフは、動きがあるので見た目が元気でよさそうに見えるが、実は統計学者の間では推奨されていない。

図8-3は、ある大学のある科目の全履修者数に占める、「優」「良」「可」「不可」の成績がついた学生の割合を3-D円グラフ表示したものである。優、

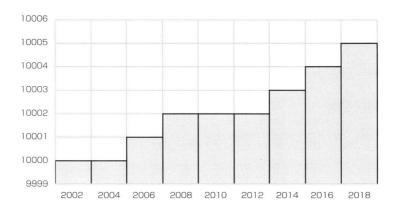

図8-1. ある仮想的な国の軍事費1（単位 G）

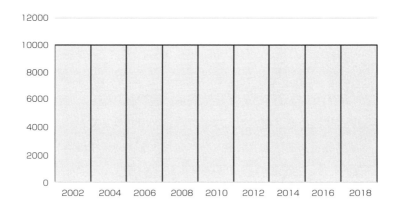

図8-2. ある仮想的な国の軍事費2（単位 G）
データは図1と同一であるが見せ方が異なる

119

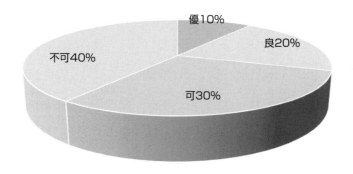

図8-3. ある科目の「優」「良」「可」「不可」の割合
手前に表示されたもの（この場合「可」）が、実際の数値より大きい印象を与える3-D円グラフの例

良、可、不可の学生の割合は、それぞれ10％、20％、30％、40％となっている。この図を一見して、どういう印象を受けるだろうか。円グラフの手前に位置する「可」の学生の割合は、同じく左奥に位置する「不可」の学生より、数値上では30％＜40％と小さいはずなのに、手前に位置していることで、遠近法の作用により、見た人は「不可」の割合より大きい印象を受けるのではないだろうか。こうした理由により、3-D円グラフの使用は推奨されていない。

　2-D円グラフ（二次元円グラフ）も使用上の注意点はある。図8-4は、ある大学入学者に占める、地域別入学者の割合を円グラフで示したものである。各地域出身者割合は、北海道5％、東北8％、関東甲信越9％、東海12％、関西32％、中国13％、四国10％、九州沖縄11％となっている。この円グラフでは、12時の方向に北海道出身の入学者割合を配置し、時計回りに北から順に出身者割合を配置している。このグラフを見て、どのような印象を受けるだろうか。地域の位置関係に関してはわかりやすいかもしれないが、地域別入学者割合の大小関係は把握しにくいのではないだろうか。図

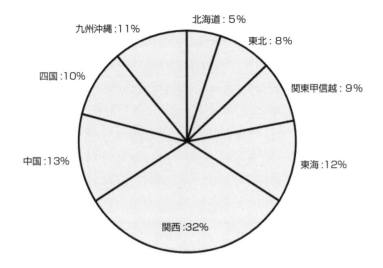

図8-4. 出身地域割合の2-D円グラフ

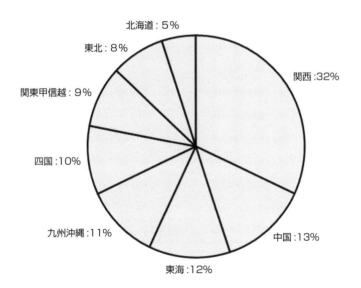

図8-5. 出身地域割合の2-D円グラフ
割合最大の関西を12時の方向に配置し、割合を降順で表示

8-5は、割合の一番大きい関西を12時の方向に配置し、割合の降順で地域を配置したものである。一般に、人間にとって角度の大小関係を認識することは難しいといわれている。(2-D円グラフに限った話ではないが)グラフ表示を行う場合は、そのグラフを使って表現したいことの目的と、見る人に与える印象に常に注意を払わなければならない。

そもそも円グラフは、2-Dであっても使用を推奨しない統計学者も多いため、その使用には注意を要する。推奨されない根拠は、円グラフ内の扇型領域同士の比較や、複数の円グラフの比較が難しい点である。円全体と個別の扇型領域との比較は、むしろ効果的である。

データの表現方法は、アイデア次第で無数に考えることができるため、ここに示した非推奨なものは一例に過ぎない。重要なのは、自分がグラフで表現しようとしていることは客観性を欠いていないかどうか、もし欠いているならば別の適切なグラフ表現形式はないかどうか、常に意識することである。

■ 参考文献
上田 尚一. 統計グラフのウラ・オモテ―初歩から学ぶ グラフの「読み書き」. 講談社, 2005
ダレル ハフ, 高木 秀玄 訳. 統計でウソをつく法 数式を使わない統計学入門. 講談社, 1954
西内啓. 統計学が最強の学問である. ダイヤモンド社, 2013
数字のカラクリ・データの真実 〜統計学ブームのヒミツ〜. NHK, クローズアップ現代, 2013年7月3日(水)放送

chapter 9.
プレゼンテーション

1．レポートとプレゼンテーション

　みなさんはこれからの授業の中で、レポートの提出やプレゼンテーション（発表）を課されることを多く経験することになるだろう。授業で課されるレポートやプレゼンテーションは、与えられたテーマに関する問題設定を行い、限られた文字数や時間内で自ら導き出した結論を他者に伝えることを目的としている。では、レポートとプレゼンテーションで異なる点は何だろうか？　文書として提出するレポートは、じっくりと時間をかけて何度も読み返してもらうことで読者側に内容を理解してもらえる可能性があるが、**プレゼンテーションは、口頭による説明を前提としており、限られた時間内で聴衆の視覚（資料表示）と聴覚（口頭説明）に訴えかけなければ内容を理解してもらえない**点が大きく異なる。つまり、聴衆側は視覚と聴覚という2つの感覚を使いこなす必要があるということである。もちろん、誰しも数多くの感覚を働かせて普段から生活しているので2つの感覚を活用することは容易だろう。しかし実際には、資料に集中していて話を聞き漏らした、あるいはメモを取っている間に資料を見逃した、という経験がみなさんにもあるのではないだろうか？　したがって、プレゼンテーションする側（発表者）は、聴衆側の状況をふまえた話し方や資料作りをする必要があるということになる。特に**発表者の置かれた精神的な状況（緊張度）は、話す速度やリズム、イントネーション、体の動きや仕草に強く影響を与えるため**、プレゼンテー

ションにおける話し方は、非常に難しい作業のひとつであるといえる。発表時の緊張度は、発表者の性格、聴衆との関係性や人数、使用する言語（母国語でない場合など）によって大きく変化するため、学生のうちにできるだけ多くのプレゼンテーションを経験しておくとよいだろう。この chapter では、プレゼンテーションをうまく行うために必要な項目を説明していく。

2．プレゼンテーションの流れ

（1）プレゼンテーションまでに必要なこと

　一般的に、プレゼンテーションは、①準備、②資料作成、③発表（練習と本番）の3つのステップを順番に行う必要がある。

　まず①の準備だが、プレゼンテーションの良し悪しはこの準備段階で8割がた決まってしまうと言っても過言ではない。準備段階は、発表するテーマに関する情報をできるだけ集めて**全体像と現状を把握**することから始める。例えば、「介護サービス」に関するプレゼンテーションをするのであれば、介護サービスは法的にどのように定義されているのか？　介護サービスを受ける資格を持つ人はどういう人たちなのか？　介護サービスを行っている施設にはどのような種類があるのか？　料金は？　受けられるサービスに地域差はあるのか？　どのような職種の人々がサービスに関わっているのか？　など、できるだけ多くの情報を集めて「介護サービスの全体像と現状」を把握するわけである。もし授業などでシナリオが与えられている場合は、最初にシナリオの中から情報を集めるべき項目をピックアップする必要があるかもしれない。では、「全体像と現状」を把握したら次にやるべきことは何だろうか？　それは「**問題点の抽出**」である。全体像と現状を把握するための情報収集過程において、現時点での問題点が記載されている資料を見つけることもある。そのような情報は逃さずにメモするようにしよう。ただし、資料に記載されていた問題点を鵜呑みにするのではなく、確認作業を必ず行お

う。さらにここで大切なのは、全体像と現状を把握するために得た情報を自分なりに分析し思考を巡らすことによって、隠れている問題点を推測する習慣を身につけることである。そして、その推測が正しいかどうかをさらに調べる作業を行う。この「**思考を巡らす**」作業を繰り返すことが、物事の理解を深めるために必要となる。

　以上のような作業により複数の問題点を抽出するが、通常は限られた時間内ですべての問題に関して論じることは不可能である。また、聴衆の理解度を考えると、プレゼンテーションの内容を絞り込む必要があることは容易に想像できる。そこで必要となるのが「**問題点の絞り込み**」である。問題点を絞り込むには、発表しようとするテーマにおいてその問題点が重要であるかどうかがポイントとなる。重要度を判断するには、なぜその問題に着目したのかを明確に説明できるかどうかを考えてみよう。さらに、プレゼンテーションでは着目した問題点が発生した原因の分析や解決策の提案についても話すべきである。したがって、**①その問題点に着目する理由、②発生原因、③解決策の提案**という３つの項目に関して論理的かつ明確に説明できるかどうかを基準に、プレゼンテーションで取り上げる問題点を絞り込もう。そして、最終的に何を伝えたいのか「結論」を決める。つまり、プレゼンテーションの準備段階として「**テーマに関する全体像と現状の把握**」→「**問題点の抽出と絞り込み**」→「**問題点の発生原因の分析**」→「**結論**」→「**解決策の提案**」という流れでプレゼンテーションの構成を決めればよいということになる。

　プレゼンテーションの準備の最終段階は「**情報の整理**」である。これまでの作業で構成が決まっているので、もうプレゼンテーションができると思うかもしれないが、集めた情報のすべてを使うとプレゼンテーション自体が煩雑になり聴衆が内容を理解できなくなる。したがって、集めた情報を取捨選択し、「テーマに関する全体像と現状の把握」「問題点の抽出と絞り込み」「問題点の発生原因の分析」「結論」「解決策の提案」の各項目を最もうまく説明できる話の流れや資料の見せ方を決めよう。この作業は、箇条書きや模

式図を使って自分なりのメモを作れば、うまくできるだろう。

(2) 見せる資料の作り方

　プレゼンテーションの構成が決まったら、聴衆に対して表示する資料を作る。ここでは、視覚補助として最も多く使われるスライドを前提に述べる。

　スライドは PowerPoint や Keynote といったスライド用ソフトウエアで作成する。スライドは、聴衆の前に大きく映し出せ、指示棒やレーザーポインタを使ってデータや図表などを指し示しながら説明できるため、発表内容を詳細かつ正確に伝えられるのが最大の利点である。しかしながら、スライドの作り方が悪い場合は、聴衆がスライドに書いてある内容を理解しようと思考を巡らせてしまい、発表者の説明を聞かなくなってしまう。したがって、見やすいスライドを作るように配慮しなければならない。

　見やすいスライドを作るコツの1つ目は、**1枚のスライドに多くの情報を詰め込み過ぎない**ことである。情報が多すぎると聴衆が内容を理解するのに時間がかかってしまい、発表内容の理解を妨げてしまう。とはいえ、1枚のスライドに入れる情報量を少なくした代わりに大量のスライドを次から次へと表示させても、最終的な情報量が過多となって発表内容の理解を妨げる結果となる。限られた発表時間内では話せる内容にも限度があるため、スライドの枚数は発表時間1分あたり1枚くらいが限界だろう。20分のプレゼンテーションであれば最大でも20枚程度、できれば15枚くらいにしておいたほうが余裕を持って発表できる。

　2つ目のコツは、文字と色使いである。スライドに書き込む**文字のフォントは線が太いゴシック系とし、大きさは最低でも18ポイントかそれ以上に**しよう。文字の大きさを大きくすれば自然と記入できる情報量（文章量）が制限されるため、情報過多を防ぎ、見やすいスライドになる。色使いに関しては、**特に重要と思われる単語や文章だけ色を変える**といった工夫をすることが大切である。ただし、1枚のスライドにたくさんの色を使ってしまうと

本当に大切な部分がわかりにくくなり、派手さだけが印象に残って内容を理解してもらえなくなる。**3色くらいまでにしたほうがよい**だろう。また、スライドの背景色として白以外の色を使用する場合は、文字色を背景色の補色にするなど見やすい配色となるよう心掛けよう。

　コツの3つ目は、図表やグラフ、写真、場合によっては動画を効果的に使うことである。図表やグラフも前述のとおり文字の大きさや色使いに注意を払うことはもちろんだが、**グラフの縦軸や横軸は「単位」がしっかり見えるように配慮しよう**。動画を使う場合は時間や解像度を調整し、発表本番で使用するパソコンで動画が正しく動くことを確認しておこう。

（3）読み原稿の作り方

　プレゼンテーションの構成とスライド作成の作業が終了したら「読み原稿」を作成してみよう。ただし、**読み原稿は必ずしも作成する必要はない**。原稿を読むとどうしても一本調子でリズムの悪い発表になってしまい、内容を理解せずに発表しているかのような印象を聴衆に与えてしまう。**極力読み原稿は使わないように努力すべき**である。プレゼンテーションに慣れていない人や母国語以外の言語で発表する場合に、緊張で頭の中が真っ白になってしまうことを想定して、念のために作成しておくものだと思っておいてほしい。読み原稿はレポートや論文のように他人に読んでもらうわけではないので、**口語で書き、簡潔な表現になるように注意**しよう。読み原稿が完成したら一度自分で声を出して読み、自然な発表に聞こえるかどうか確認しておくとよいだろう。その他の注意点は、**読み原稿の文字を大きくはっきり書く**こと、できれば**スライド1枚に対して読み原稿1枚**となるように作成し、どこを読めばよいかすぐにわかるようにすることである。そうすれば、薄暗い発表会場や発表途中でセリフを忘れてしまった時に困らない。

（4）リハーサル

　プレゼンテーションの準備が整ったら、本番に備えてしっかりとリハーサルをしよう。可能であればスクリーンにスライドを映し、本番さながらに声を出してみる。スライドを映すことができない時は、パソコンのモニターに表示させよう。リハーサルでは、**説明しながらスライドの正しい位置（聴衆に見てもらいたい場所やデータ）を指し示す**ように心掛けよう。見てもらいたい場所を的確に示せなければ、せっかくの「見せる資料」が活用できていないことになり、聴衆の理解を得ることが困難になる。当然のことながら、リハーサルではタイマーを使って発表時間を守れるかどうかも確認し、発表内容を調整しよう。話すスピードは、文字にして1分間に250文字くらい、**指定された発表時間の±30秒以内で発表を終える**のがよいだろう。読み原稿を用意している場合は、できるだけ多くリハーサルを積み重ね、発表本番では読み原稿を使わなくてすむように努力しよう。

（5）発表本番での注意点

　発表本番は適度な緊張感を持ってのぞもう。過度な緊張を避けるために十分なリハーサルをこなしておくのはもちろんだが、それでも緊張しすぎてしまいそうな時はゆっくりと深呼吸してみるとよい。**発表中は会場を見渡し、こちらの話を真剣に聞いている人を見つけよう**。そうした人とは目線が合い、こちらの話にうなずいてくれたりするので簡単に見つけられる。そういう人を何人か見つけ、その人たちを順番に見ながら話せば発表のリズムをつかむことができ、緊張がほぐれることもある。また、会場を常に見渡す形になるので聴衆に訴え掛けている雰囲気が出て、聴衆もこちらの話に集中しやすい状況を作り出すことがでる。

コラム：不測の事態に備える

　学生の間は学校内でのプレゼンテーションに限定されるのであまり心配することはないが、将来的には学会や講演会など、自分が所属する組織ではない場所でプレゼンテーションする機会も増えていく。場合によっては、海外に行くこともあるだろう。遠方で行う場合は車、列車、航空機といった交通機関を利用して会場に向かうわけだが、移動中に「荷物を紛失する」あるいは「パソコンが破損する」といった危険性がある。そのような不測の事態に備えて、**スライドなどのデジタルデータは必ず USB メモリーなどにコピーを用意**しておこう。もちろん、元々のデジタルデータを入れているパソコンと同じ鞄に入れないなどの配慮も必要である。プレゼンテーションで**ポスターを使う場合も、印刷可能なデジタルデータを持っておく**べきである。そうすれば、ポスターを紛失したり使い物にならなくなっても印刷サービスを行っている店舗を見つけて印刷することができる。航空機を使う場合は、パソコンや USB メモリーは必ず手荷物として機内に持ち込むようにしよう。デジタルデータのコピーを持っておけば荷物の紛失やパソコンの故障という事態が起こっても、発表会場で代わりのパソコンを手配し（通常、使用可能なパソコンは用意してもらえる）プレゼンテーションを行える。そして、万が一手持ちの予備データも失くしてしまう場合を想定して、**どこからでもアクセス可能なサーバーなどにデータをアップロードしておく**といった対策を講じておくことも大切である。

　多くの人が連続してプレゼンテーションを行う学会会場では、プレゼンテーションに使用する共用パソコンが用意されている場合も多く、発表者は本番開始前にスライドのデジタルデータを共用パソコンに移しておき、それを用いてプレゼンテーションを行うことになる。このような場合、自分が用意した動画が動かなかったり、スライドが正しく表示されなかったり（文字や図表の配置が変わってしまったり）する危険性がある。しかも、そのようなトラブルが発生しても学会会場などでは解決策を講じる時間はない。このようなトラブルは共用パソコンのスペックが低い時や OS（Windows と Macintosh や OS のバージョンなど）の互換性に問題がある時などに発生する。そのような事態を回避するには、**動画に関しては解像度を少し下げるなど、動画再生時に多くのメモリーを必要としないよう配慮**すべきである。また、OS の互換性問題を回避するにはスライドを作成した後に**スライド 1 枚 1 枚のスクリーンショットを撮影し、スライドを「1 枚の画像」に変換**しておくとよい。

　プレゼンテーションは、就職や昇進など、自分の人生に影響をおよぼすような場面で要求されることも多い。しっかりと準備ができるようになるだけではなく、不測の事態にも対応できるスキルを身につけるように心掛けよう。

chapter10.
ディスカッション

1．ディスカッションの意味

(1) ディスカッションを通して学ぶ

　ディスカッション（議論）することの意味とは何だろうか。大学での講義は多くの場合、教員が教壇に立ち、学生に向かって一方的に話していくようなスタイルが多い。最近ではそうした一方通行の授業ではなく、むしろ双方向的な授業の重要性も唱えられている。しかし双方向的な授業といっても、やはり教える側と教えられる側が存在することには変わりない。

　しかしディスカッションにおいては、誰かが一方的に教えるのでも、逆に誰かが一方的に教わるのでもない。むしろディスカッションに参加する人全員が、教える人であり、また教えられる人でもある。ディスカッションにおいては参加者全員が、ひとつの目標を共有し、その目標を成し遂げるために対話が行われる。そのためには、全員が協力しながら、それぞれが持っている知識をみんなの前で説明したり、批判したりすることが必要である。つまり**ディスカッションとは共同で行う探求**である。そのことによって、自分自身の視野が広くなったり、あるひとつの問題を別の角度から考えることができるようになれば、ディスカッションは成功したといえるかもしれない。そのためには、ただ人の話を聞いているという受動的な態度ではなく、自ら積極的に発言するような能動的な態度でのぞむべきである。

(2) 他人の意見を聞くこと

　ディスカッションはたったひとりで行うものではない。また一方的に話し続けるものでもない。ディスカッションでは、**自分の意見や考えを表明することが重要だが、他人の意見や考えを聞くことも重要**である。先にも述べたとおり、他人の意見を聞くことによって、自分自身の考えが広がったり、ある問題に関する新たな可能性を見つけたりすることにもつながる。したがって人の意見を聞くということは、自分自身の視点だけでなく、他人の視点を取り入れるということである。

　ディスカッションするということは、ある事柄に関してさまざまな立場や知識を持った人たちが集まり、協働しながらより良い解決を探求するということである。したがって相手を言い負かしたりすることが目的ではないということに気をつけよう。また多様な意見が出されるほうが、その問題についての視野が広がるということでもある。したがって、異なった意見を言うことをためらう必要はない。

　例えば、ある患者に関するカンファレンスをさまざまな職種の人たちが行っているとしよう。そのとき、参加者はそれぞれの専門分野の知識を持ち寄って、その患者の最善の治療は何かと考えているだろう。そのとき黙ったままの人がいるとすれば、その人はその患者の治療を放棄しているといっても言い過ぎではないかもしれない。専門分野が異なれば、何が最善の治療かが異なることもあるだろう。しかしその違いこそが、良い治療を行うためのスタートラインだといえる。意見の相違は避けるべきものではなく、より良い解決のための最初のステップである。

2．ディスカッションに際して

(1) 役割分担

　ディスカッションにあたって、いくつかの準備が必要である。まったく見

ず知らずの人たちが集まって、すぐに活発なディスカッションを行うことは難しい。そうした場合、自己紹介や**アイスブレーキング**のためのミニゲームなどを行ってみるのもよい。また、ディスカッションの参加者が好き勝手に話しているだけでは良いディスカッションとはいえない。したがって、**ディスカッションの進行役（司会者やファシリテーター）やディスカッションを記録する係（書記）を決めること**が望ましい。ファシリテーターと書記については後で説明する。

（2）時間配分

　自己紹介や役割分担が決まったら、次に時間配分について確認しておこう。たいていの場合、ディスカッションは決められた時間内で行わなければならないだろう。そうだとすれば、その時間内に行うべきことをあらかじめ予測して、だいたいの時間配分を行っておくことも必要である。

（3）発　言

　ディスカッションの参加者は発言するときに、進行役の許可を得てから話し始めるべきである。また誰かが発言しているときには、他の参加者はその人の発言を最後まで聞くべきである。人の発言の途中で、横から口をはさんだり、妨害したりしてはいけない。

　また発言する人は、他の人が理解できるように発言すべきである。発言は、ただ自分の感情や印象を述べるだけでなく、他の人がその発言の妥当性を吟味することができるような根拠を伴った発言であることが望ましい。

　ディスカッションにおいてなされた発言は、それが正しいのかどうかを吟味しなければならない。もしその発言がおかしいと思った場合、参加者は、発言した人に対して質問したり、別の根拠を提示して、その発言のどこがおかしいかを明らかにしなければならない。

(4) ファシリテーター

　ファシリテーターとはディスカッションが**活発に行われるように促進させる**役割の人のことをいう。司会者といってもよいかもしれないが、ファシリテーターは話をあるひとつの方向へと意図的に誘導するのではなく、それぞれの参加者に発言を促したり、不明確な発言を明確にするような質問をしたりしながら、ディスカッションを促進させていく重要な役割を担っている。以下ではファシリテーターのいくつかの役割を紹介してみよう。

① 指導者や議長ではなく、促進役

　ディスカッションの方向を決定づけるのではなく、参加者の対話を促進させることに重点をおこう。またファシリテーターは交通整理係でもあるので、グループに対して、与えられている課題を明確に提示する必要がある。

　ファシリテーターは、時間の管理をしっかり行うこと。最終的なまとめなしにディスカッションを終えてしまうと、何のための議論だったのか、参加者にはわからなくなるので、時間配分にも気を遣うべきである。

② 発言の明確化

　たくさんの意見が出されて、ディスカッションが活発になることは望ましいことであるが、それぞれの意見に関して、参加者が共通の理解をもっていることも重要である。同じ言葉を聞きながら、人によって理解が異なるということもあるだろう。それではディスカッションが表面的なものになってしまう。ディスカッションを深めていくためには、キーワードになるような言葉や不明確な発言に対して、質問したり確認したりしながら、発言を明確化していく必要がある。以下は発言を明確にするための例である。

　１）発言がわかりづらいとき
　　　ａ．ファシリテーターが要約して、発言者にそれでよいか確認する。

①「みなさん、いまの主張は理解できましたか？」
②「いまの意見は、○○××ということでよろしいでしょうか？」
b．発言者自身に、他人がわかるように、他の説明をお願いする。
①「Aさん、いまの主張を別の言葉で説明していただけないでしょうか？」

2）発言のレベルを区別する（観察・可視化）
　参加者には、それぞれの関心がある。そのため参加者間で議論のすれ違いが起こることもある。その場合、どこがすれ違っているのかよく観察して、そのすれ違いを参加者全員にわかるように可視化しなければならない。
a．話しがかみ合わないときには、何がかみ合わないのか明確にする。
①「Aさんは××を○○という意味で使っていますが、Bさんは△△という意味で使っていますよね？」
②「ここの議論では重要ですから、この○○という言葉の意味を全員で定義しましょう」
b．参加者間の関心が異なり、テーマが定まらない。
①「ここまで、テーマがあちこち飛び回っていますので、一度どのテーマから議論するか考えてみましょう」
②「これまでの議論の流れから、Aの議論を続けたほうがよさそうですが、みなさんはどうお考えですか？」
③「Aの議論を先にすませてから、Bに移りましょう」

（5）書　記
　ディスカッションでは**目に見える形で記録を残しておくこと**は重要である。さまざまな発言が行われれば、時間と共にどのような発言があったかを把握できなくなってしまうが、参加者全員に見えるように発言が記録されていれ

ば、どのような発言があったかをすぐに確認することができるだろう。
　また記録をとるときに、発言をそのまま書き留めていたのでは時間をとられてしまう。そうした場合、発言を要約して記録しておくとよい。要約することは、時間の節約になるだけでなく、発言した人の意図を明確にするという効果ももっている。要約する場合は、書記が独断で要約するのではなく、発言した人に、その要約でよいかどうか確認するとよい。

(6) まとめ
　ディスカッションでは、最後の時間を**全体のまとめ**にあてよう。そのディスカッションで何が話し合われたのか、そして参加者全員で何が共有されたのかを確認しよう。そうすることによって、参加者全員がその日のディスカッションの意味を再確認することができるようになる。

3．ディスカッションを用いたさまざまな学習法

　ディスカッションする際の、実際の役割分担や進め方については今まで学んだ通りである。ではなぜ、大学でディスカッションを学ぶ必要があるのかを今一度考えてみよう。
　ディスカッションすることで自分の視野が広がり、問題点を多角的にとらえることができるようになるということは先に書いた通りであり、**ディスカッションは学びを深めるための有効な方法**だといえる。しかし医療人を目指すみなさんにとっては、**ディスカッションを学ぶ目的はそれだけではない。**
　まずひとつに、近年の医療の高度化・複雑化に伴って、学ばなければならない医学的知識も膨大となってきており、従来の、教員から学生へ知識の伝達を図る一方向の講義型の授業では限界が生じている、ということがあげられる。与えられた課題を手がかりに、学生自らが積極的に学習して学びを広げ、新たな問題に対して既習の知識を適用して問題解決を図っていくことが

必要となってきている。この過程において、学生がお互いにディスカッションし、教え合うことが高い学習効果を発揮するのである。

　もうひとつに、みなさんが将来、医療の現場に出て多くの患者や他の医療職に接することになることがあげられる。その際、それぞれの患者の状況に応じて最適な医療を行うためには、十分な知識と優れたスキルをもっていることはもちろん、他の医療職と連携・協力しながらチームで医療を行うことが必要となる。そのためには、課題に対して他のメンバーとディスカッションする中で問題を解決していく能力を、しっかりと身につけていなければならないのである。

　大学生のうちからグループでディスカッションすることに慣れ、将来、最先端の医療現場でチーム医療を担う医療人として力を発揮できるよう、その基礎をつくっておこう。

　グループでディスカッションする際に用いられる学習法にはPBL (Problem-based Learning)、TBL (Team-based Learning) などがあり、それぞれ決められた手順に則ってディスカッションを進めていくことで理解を深めることができ、また問題解決能力を向上させることができる。ここではこれらの学習法について簡単に紹介する。

(1) PBL (Problem-based Learning：問題基盤型学習)

　教員が学生に対して提示したシナリオ（事例）から、**学生が自ら問題点を見つけ、その問題を解決するためにグループで話し合うことによって学習を進めていく方法**である。

　一般的には1969年にカナダ、マクマスター大学が新しい教育法としてPBLを開始したとされている。さらに1985年にアメリカ、ハーバード大学が講義とPBLを組み合わせたハイブリッド型PBLを本格的にカリキュラムに導入したことによって、急激に普及した。日本でも1990年以降、医療系教育機関において広がりを見せ、現在、日本の大学の医学部におけるPBL

導入率は90％以上に上ると報告されている。

実際のPBLの手順は以下のようになる（日本薬学会 編, 2011）。

ステップ1：シナリオを読む
ステップ2：重要な情報（キーワード）は何かを探す
ステップ3：議論する問題は何かを探す
ステップ4：問題について考える
ステップ5：学習項目を明らかにする
ステップ6：自己主導型学習をする
ステップ7：グループ学習で、学習成果を共有し合意を形成する
ステップ8：発表準備をする
発表

　PBLでは、学生はまず与えられたシナリオをよく読み、重要な情報を元に問題を見つける。ここでいう「問題」とは、解決すべきトラブルだけを指すのではなく、わからない言葉や学ぶべき課題（テーマ）を含んでおり、考えつく限りあげなければならない。それらすべてについてグループ内で討論しながら、既習の知識と照らし合わせて自分たちが学ぶべき項目・調べなければならない項目を探し出し、各自が自己学習を行う。そして既習の知識と自己学習で新たに得た知識とを統合した結果を各自がグループに持ち寄る。そこでさらにグループ内で討論を重ね、理解を深めて全員の知識を統合し、グループでひとつの合意を形成する。最後にグループごとに発表を行ってフィードバックする。何を発表テーマとするかはグループによって異なるが、**どのグループもシナリオに含まれている内容についてはすべてくまなく精査**し、十分に理解を深めよう。先に発表テーマを決定し、その内容についてしかディスカッションしないなどということはあってはならない。将来、医療人としてたくさんの問題を抱えた患者の医療・ケアにあたる際、自分が

> コラム：PBL シナリオの例
>
> 　マクマスター大学のウッズ教授が書いている PBL のテキストには「ここに故障したトースターがあります。これを直してください。でなければ一歩ゆずって、少しでも使えるようにしてください」という事例が紹介されている。
> 　これを解決するためには、学生はまず「トースターが動く原理について何を知らなければならないか」を発見しなければならない。そして学習して得た知識を、問題解決のためにどう用いるかを考え、実際にひとつの解決策を提示しなければならない。これは、従来の一方向の講義型の授業における、「教員が学生にまず電気に関する一般的な物理学の知識を伝達し、その後に実際のトースターの仕組みを説明し、そして修理の方法を考えさせる」という流れとはまったく異なっている。
> 　医療の現場では、患者が陥っている疾患や病態に対して何をすべきか、自分以外の誰かが教えてくれるわけではない。医療職が自分自身で問題点を見つけ、その解決法を考えていかなければならない。このため、PBL は医療を学ぶみなさんにとって最適な学習法のひとつであるといえるだろう。

興味を持った問題点に対してだけしか解決に取り組まず、それ以外の問題点は放置するなどということが許されないのと同じことである。また、発表する際には、グループ内で話し合った内容が他のグループの人たちにも理解できるよう、わかりやすくまとめることが求められる。発表の方法については chapter 9. で述べた通りである。

　なお PBL では、1 グループにつきひとりずつ、チューターと呼ばれるファシリテーター役の教員がつくことが多い。

　問題を見つけるためには、chapter 7. で学んだ問題設定のスキルが必要になってくる。また、問題解決を図るためには、学生それぞれが十分に自己学習を行って、自分の意見をはっきり述べつつ他のメンバーの意見も吟味し、グループ全体で合意を形成する必要がある。もちろん自己学習やディスカッションを行う際には、chapter 4. で学んだ通り、適切な根拠に基づいた情報を用いて進めなければならない。今までに学んだことを最大限に生かして積

極的にディスカッションに参加しよう。

（2）TBL（Team-based Learning：チーム基盤型学習）

　教員主導型の双方向授業のひとつであり、これも課題を用いて少人数のグループで問題解決を図っていく学習方法である。個人学習（予習）・グループ学習・全体講義などから構成され、**課題解決のためにメンバーそれぞれが責任感をもって協力することで、単なる人の集まりであったグループから、互いに協力しあえるチームへと変化を遂げる**ことができる。

　1970年代後半にアメリカ、オクラホマ大学のマイケルセンによって考え出され、以降自然科学や経営学の教育課程で用いられてきた方法である。その後医療系の教育分野でも急速に広がり、日本でも医療系教育機関を中心に導入され始めている。

　実際のTBLの手順は以下のようになる（高知大学・大学教育創造センター, 2010）。

フェーズ1：予習資料に基づく自己学習
フェーズ2：準備確認過程（RAP：Readiness Assurance Process）
フェーズ3：応用課題

①フェーズ1：予習資料に基づく自己学習

　教員から学生にあらかじめ予習資料などの教材を配布し、**学生はこの資料に沿って授業までにそれぞれ予習**する。

②フェーズ2：準備確認過程（RAP）

　予習による学生それぞれの知識の習得状況の確認や知識の定着のために、授業開始時に**個人準備確認テスト**（**iRAT**：Individual Readiness Assurance Test）を行う。このテストは、予習資料に含まれている内容から出題される。

　iRATが終了したらすぐに**チーム準備確認テスト**（**tRAT**：Team Readiness Assurance Test）に移る。この tRAT の設問は iRAT とまったく同一だが、tRAT ではグループが設問ごとに合意を形成してひとつの解答を選ぶ。この際、多数決などの安易な方法で解答を決めることは避け、一人ひとりが自分の解答の根拠を述べ、十分に話し合ってグループとしての合意をつくり出さなければならない。なお tRAT では、その場で解答の正誤がわかるように、スクラッチカードやレスポンスアナライザー装置などを用いて解答する。すべての設問を解き終えたら、それぞれの設問に対する点数を合計し、グループの得点とする。その後、tRAT で間違えた問題のどれか1問について、グループから教員に質問したり、その誤答を選んでしまった根拠などを説明し、教員から部分点を付加してもらえるようアピールする時間が設けられる。アピールを作成することで、学習内容をもう一度反復することができ、さらなる知識の定着が期待できる。最後に、iRAT や tRAT の結果を受けて教員から簡単な補足説明が行われる。

③ **フェーズ3：応用課題**

応用問題として新たな課題が与えられるが、この課題は**予習や RAP によって得た知識を用いて問題を解決する**ことによってより理解が深まるような内容となっている。この課題をグループ内でディスカッションし、最終的にひとつの合意を作る。グループ間の比較と即時のフィードバックが行えるよう、解答は同時に一斉に発表し、グループ間で討論する。教員はそれぞれのグループの解答の違いやその解答を導き出した根拠などに焦点をあててグループ間の討論を促し、最後にまとめの講義を行って知識の整理を図る。

学生一人ひとりに責任感を持ってもらうために、TBL では最後にグループ内の他のメンバーの優れている点や改善すべき点などについて、学生同士で相互評価（ピア評価）を行う。評価の際には、**メンバーの事前準備や積極性、他者への配慮などを総合的に検討し、グループ活動への貢献度を評価**しなけ

ればならない。グループに貢献した人が高く評価され、そうではなかった人が低く評価されるのは、当たり前のことである。各メンバーとの仲の良さなどにとらわれず、真剣かつ公正に評価しよう。

　それぞれが予習の段階でしっかりと学習し、説明できるようになっていなければ、tRAT やフェーズ３で他のメンバーに迷惑がかかってしまう。tRAT やフェーズ３は、他のグループに勝つために行うものではなく、一人ひとりが責任を持って他のメンバーと協力し合い、全員が理解を深めることが重要である。決して、やる気のあるメンバーだけにディスカッションを任せて自分は楽をしようなどと考えてはいけない。

　TBL は、将来、医療現場で実際に医療を行う際に、目の前の患者の疾患や病態に対してすでに自分が持っている専門的知識をどう応用し、医療チームとしてどう判断を下すかという実践能力を習得するためのよいトレーニングにもなると考えられる。是非、それぞれが責任を持ってしっかりと予習し、メンバーで力を合わせて真剣に課題に取り組んでほしい。

■ 参考文献

中野民夫. ワークショップ―新しい学びと創造の場. 岩波書店, 2001, 223p.
中野民夫. ファシリテーション革命　参加型の場づくりの技法. 岩波書店, 2003, 198p.
瀬尾宏美（監修）. TBL －医療人を育てるチーム基盤型学習. シナジー, 2009, 185p.
ドナルド R. ウッズ, 新道幸恵（訳）. PBL 判断能力を高める主体的学習. 医学書院, 2001, 113p.
日本薬学会（編）. 問題解決型学習ガイドブック　薬学教育に適した PBL チュートリアルの進め方. 東京化学同人, 2011, 237p.
初年次教育学会（編）. 初年次教育の現状と未来. 世界思想社, 2013, 272p.
高知大学・大学教育創造センター, Tips 5：TBL（チーム基盤型学習）で授業改善, 2010.（https://www.kochi-u.ac.jp/daikyo/publication/pdf/Tips5.pdf）
三木洋一郎, 瀬尾宏美. 新しい医学教育技法「チーム基盤型学習（TBL）」. 日本医科大学医学会雑誌. 2011, 7 巻, 1 号, p.20-23.

あとがき

　本書を最初に出版してから、改訂を重ね今回は第3版となった。最初、この本を作ることになったのは、兵庫医療大学での1年生向けの授業「アカデミックリテラシー」を開講することになったからであった。開講が決まってから、数カ月で教科書の作成を行った。それから第2版、第3版と版を重ねるごとに改訂を行っている。今回の改訂では、いくつかの chapter を大幅に書き直したり、新しいトピックを付け加えたりしている。例えばレポートの書き方については、医療系大学の学生向けということを考えて、自然科学などの実験にもとづくレポートの書き方を新たに付け加えた。また、統計データの用い方についても新たにトピックに加えた。さらに、プレゼンテーションの仕方については新しい chapter を付け加えることにした。こうした改訂作業は、毎年授業を行い、学生のみなさんからの反応をみたり、大学生として将来的に必要になるスキルを検討する中で必要と考えられたものを取り入れている。

　大学の教育においても、アクティブラーニングという言葉がもうすでに定着している。従来は大学の講義といえば、教員が多くの学生に対して一方的に自説を展開するような形式が多かった。しかしこの10年近くの間で、そうした一方向の授業ではなく、学生も能動的に参加する授業が展開されるようになってきている。そしてこうした授業をより有効なものとするためには、学生の側でも、自ら学ぶ態度とともに、学ぶためのスキルを修得していく必要がある。本書がそうしたスキルの修得に少しでも貢献できれば非常に喜ばしいことである。

紀平知樹

■執筆者（執筆順）※所属・職名は第3版第1刷発行時のもの

伊東久男	兵庫医療大学共通教育センター・教授（はじめに）	
賀屋光晴	兵庫医療大学共通教育センター・准教授（chapter1）	
紀平知樹	兵庫医療大学共通教育センター・教授（chapter2、chapter5、chapter10-1,2、あとがき）	
後藤伸光	甲子園大学キャリアサポートセンター主幹（chapter3-1）	
福田範子	兵庫医療大学共通教育センター・講師（chapter3-2）	
常見　幸	兵庫医療大学共通教育センター・准教授（chapter3コラム、chapter10-3）	
加藤精一	兵庫医療大学共通教育センター・教授（chapter4-1,2）	
津田雅代	兵庫医療大学附属図書館（chapter4-3,4）	
土江伸誉	兵庫医療大学共通教育センター・講師（chapter6）	
上山崎悦代	兵庫医療大学共通教育センター・講師（chapter7-1~5）	
芝崎誠司	兵庫医療大学共通教育センター・准教授（chapter7-6）	
西田喜平次	兵庫医療大学共通教育センター・講師（chapter8）	
山本英幸	兵庫医療大学共通教育センター・講師（chapter9）	

医療系大学生のための
アカデミックリテラシー 第3版

2019年3月31日　第3版　第1刷
2022年3月31日　　　　　第2刷

編　者　　紀平知樹
発行所　　有限会社二瓶社
　　　　　TEL 03-4531-9766
　　　　　FAX 03-6745-8066
　　　　　郵便振替 00990-6-110314
　　　　　e-mail:info@niheisha.co.jp
装　幀　　株式会社クリエイティブ・コンセプト
装　画　　shutterstock
印刷所　　株式会社シナノ

万一、乱丁・落丁のある場合は購入された書店名を明記のうえ小社までお送りください。送料小社負担にてお取り替え致します。但し、古書店で購入したものについてはお取り替えできません。なお、本書の一部あるいは全部を無断で複写複製することは、法律で認められた場合を除き、著作権の侵害となります。定価は表紙に表示してあります。

ISBN 978-4-86108-083-8　C3037
Printed in Japan